MANUEL DE L'ARRIVISTE

HENRI CHATEAU

MANUEL DE L'ARRIVISTE

Jean-Claude Gawsewitch Éditeur

130, rue de Rivoli
75001 Paris
www.jcgawsewitch.com
ISBN : 978-2-35013-352-2

Présentation

Aujourd'hui encore, certaines promenades sur les quais de Seine réservent de belles surprises. Au début du printemps 2012, furetant dans la boîte d'un bouquiniste, côté rive gauche, je suis tombé sur l'édition originale du *Manuel de l'arriviste*, publié pour la première fois à Paris en 1901 avec l'improbable mention « papiers trouvés chez un de nos plus notoires contemporains ». Piqué par le titre pour le moins provocateur de l'ouvrage, je l'ai acheté. Rentré à la maison, je l'ai dévoré avec gourmandise. Quelques jours plus tard, constatant avec étonnement que ce petit bijou de philosophie *a*morale n'avait jamais été republié, j'ai eu l'envie d'en proposer cette réédition.

Manuel de l'arriviste

L'arriviste contemporain – une espèce qui prolifère en ces temps d'individualisme sauvage – trouvera dans ce petit livre d'utiles préceptes pour « ne songer qu'à soi-même ». Les autres savoureront cette satire aux accents libertaires sur le mensonge social et la bêtise humaine. En effet, derrière le cynisme de l'auteur et son éloge de l'égoïsme « délivré de tous préjugés et de toute morale », le lecteur ne manquera pas de débusquer le propos véritable d'Henri Chateau. Ce satiriste très « fin de siècle » qui ne cachait pas ses sympathies anarchistes convie Schopenhauer, Nietzsche, Darwin et quelques Anciens pour mieux tailler en pièces les valeurs morales, l'illusion amoureuse ou le conformisme bourgeois.

L'arriviste dont il est question ici se dédouble, se contredit même. S'il joue avec l'amitié, la confiance ou l'estime, si comme le « Bel-Ami » de Maupassant il utilise les femmes pour acquérir argent et pouvoir, le Rastignac imaginé par Henri Chateau démontre aussi combien l'hypocrisie, la médiocrité, la soumission ou encore… l'égoïsme sont idolâtrés par la société. Celle de la Belle Époque comme la nôtre…

GILLES BOULEY-FRANCHITTI

AVERTISSEMENT

Je n'expliquerai pas le jeu des combinaisons diverses qui me rendirent le possesseur – illégitime – des pages suivantes. Elles n'étaient point destinées à voir le jour. Je les publie pourtant, quelque répugnance que j'éprouve à couvrir de mon nom des théories dangereuses et des affirmations trop souvent empreintes de cynisme ; je les publie, me contentant de garder secret le nom de leur illustre auteur, pour ne troubler ni la quiétude de ses derniers moments, ni la conscience de ses admirateurs, ni l'âme de son fidèle disciple : l'arriviste contemporain.

H. C.

MANUEL DE L'ARRIVISTE

I

C'EST POUR TOI, mon cher Catulle, que j'ai écrit ces pages destructrices d'idéal; c'est pour toi que j'ai consigné sur le papier les préceptes qui m'aidèrent à gravir les échelons sociaux; c'est pour toi que j'ai décalqué en un livre l'expérience de ma vie, manquant ainsi pour la première fois au principe le plus absolu de l'arriviste : ne songer qu'à soi-même.

Mais que veux-tu? je suis vieux et arrivé, nul souci d'avenir ne me préoccupe plus, et je me moque maintenant de l'opinion des gens comme de mon premier mensonge. Pendant tout le cours de ma longue ascension vers la richesse, la gloire et les honneurs du monde, j'ai eu le temps, n'est-ce pas? de juger les hommes. Il ne faut pas les craindre.

« Regarde-les un peu au bain, s'écrie Mitritch dans *La Puissance des ténèbres*, ils sont tous faits de la même pâte – j'évite l'expression très forte dont s'est servi Tolstoï –, les uns ont le ventre plus gros, les autres ont le ventre plus petit, voilà la différence. Et il faudrait en avoir peur ! Allons donc ! »

Comme Mitritch, moi aussi, j'ai le mépris des hommes. Dépouillé de cette auréole dont s'affublent les grands, les dirigeants, les célèbres, les notoires, les snobs, les vertueux, tout homme apparaît comme un animal plus ou moins domestiqué, de race plus ou moins fine, mais en fait soumis aux mêmes besoins physiologiques que l'animal le plus immédiatement inférieur, agissant suivant un déterminisme de même nature et comme lui vivant un certain nombre d'années sur la planète pour l'accomplissement de desseins inconnus, puis disparaissant, se désagrégeant, retournant à la masse amorphe sans avoir su pourquoi on l'en avait tiré.

Réunis, les hommes constituent des sociétés où tout de suite se remarquent deux classes : les possédants, les non-possédants. Aux premiers, toutes les joies compatibles avec le système social actuel ; aux seconds tout le reste, c'est-à-dire un maximum de fatigues et un minimum de joies : celles qui ne peuvent s'acheter. Nous examinerons plus tard, mon cher Catulle, de quelle nature sont ces dernières et combien en offre la vie.

Dans l'une et l'autre classes, il y a des sommets et des bas-fonds. Il y a des possédants enviables parce que leur richesse s'entoure de luxe, de considération, d'estime, de jouissances, d'orgueil, parce qu'ils sont aimés des femmes et ne se laissent point cependant dominer par elles ; il y a des possédants ridiculement malheureux parce qu'ils ont l'âme de pauvres bougres, et c'est ainsi que des non-possédants peuvent être enviés pour leur adaptation parfaite à des conditions sociales inférieures. Mais le nombre de ces derniers est négligeable, et d'ailleurs l'arriviste, poussé dans quelque bas-fond, ne doit avoir en vue que les sommets.

J'ai donc voulu, né de rien, devenir un homme heureux et envié, riche d'or et d'honneurs, un homme à l'estomac satisfait, aux désirs comblés, un de ces hommes dont le vulgaire dit qu'ils sont « quelqu'un » parce que leur nom est dans toutes les bouches en même temps que les mots « pain », « viande », « soleil » et « lune », « pluie » et « beau temps », nom escorté de qualificatifs variables allant du grotesque au sublime, exprimant la canaillerie la plus infâme ou la plus parfaite honnêteté, toutes considérations indifférentes d'ailleurs, l'essentiel étant pour cet homme que son nom chemine ainsi de lèvre en lèvre. Pour être tout cela, ce que je suis, mon cher Catulle, il m'a suffi d'obéir aux préceptes qui font l'objet de ces pages, préceptes ayant pour but de faciliter à l'arriviste les moyens de parvenir, ce principe admis, naturellement, que le récipiendaire ignore les préjugés, la vaine sensiblerie, l'amour désintéressé du prochain, et se prouve capable de tous actes nécessaires à la fin qu'il s'est donnée.

Ta jeunesse, ton intelligence, certains traits particuliers de ton caractère feront de toi le plus docile et le plus brillant des élèves. Tu as l'âme d'un arriviste comme d'autres ont une âme de prêtre. Je veux que mon expérience t'évite les tâtonnements du début, je veux que tu sois l'homme arrivé dès l'âge où les autres commencent à s'orienter dans la vie. Que ce livre soit la Bible de tes aubes et le compagnon de tes veilles. Sache-le par cœur, les jours passés à en buriner les lignes en ton jeune cerveau seront l'épargne de plusieurs années d'un rude labeur. Nul amour-propre vain d'auteur ne m'a dicté ce conseil, et je te pousserais à l'étude de n'importe quel autre ouvrage similaire – s'il en existait un. Mais depuis La Rochefoucauld, chacun garde jalousement pour soi les moyens de se conduire. Et La Rochefoucauld est bien vieux, bien usé, bien incomplet. Il faut d'autres maximes que les siennes pour la réussite des ambitieux espoirs où se complaisent les générations neuves. Or donc, apprends ce livre et veille à n'en point égarer les feuillets. Je n'ai pas voulu qu'il fût publié, tant j'ai le mépris de la foule et tant il me déplairait de servir de tremplin à quelque intrigant vulgaire. Mais pour toi, mon cher Catulle, il n'était rien que je ne fisse. La sympathie qui nous unissait, ton père et moi, je l'ai reportée tout entière sur ton jeune esprit. Peut-être me sied-il de penser qu'un jour ta réussite – on n'arrive qu'en piétinant des cadavres – me vengera de la haine des sots, des avanies jadis subies dans le silence, des affronts dévorés avec un sourire, des mépris dissimulés sous des paroles flatteuses.

Et ce m'est une joie, au déclin d'une vie brillante et comblée d'honneurs, alors que lentement je sens venir l'heure où j'entrerai dans l'Histoire, ce m'est une joie, en écrivant ces lignes, de me remémorer tant de phases obscures de mon existence ambitieuse et les heureuses prises opérées avec quelques unités simples sur le grand damier du monde.

II

Dans la vie, mon cher Catulle, tu rencontreras des gens dont la haine jalouse te cinglera de ce mot : « Arriviste ! » Souris, dédaigne et passe. Ce n'est pas pour te faciliter une justification devant le vulgaire, mais bien dans un but de satisfaction personnelle qu'il te faut savoir pourquoi tu as le droit d'être arriviste et comment on le devient par l'étude. Le fruit de mes longues réflexions sur la nature des choses, je te le livre ici, ne te demandant qu'un peu d'attention soutenue. Je ne saurais trop te le répéter, sache-moi par cœur, il te deviendra plus utile de me réciter un jour, que de te conter à toi-même le sonnet d'Arvers ou le « *nunc ad te, et tua magna, pater, consulta revertor* » que Virgile met dans la bouche de Turnus. Suis-moi donc, et grave en ta mémoire ce résumé des enseignements de la science moderne.

Un fait la domine toute, et ce fait, c'est l'évolution. Elle part de l'organisme le plus élémentaire, la cellule, pour aboutir à l'homme, embrassant ainsi toutes les formes de la vie sur la planète.

L'homme, d'après Haeckel, est le perfectionnement dernier, mais non immuable, d'une série de catarrhiniens éteints ; ses ancêtres immédiats dans cette série appartenaient au groupe des singes sans queue et à cinq vertèbres sacrées : les anthropoïdes ; ses ancêtres les plus éloignés au groupe des singes à queue avec trois ou quatre vertèbres sacrées : les Cynopithèques.

L'anthropologie, mon cher Catulle, t'enseignera qu'il y eut durant le tertiaire des ébauches d'humanité avec le *Pithecanthropus erectus* qui connut le feu, puis un nouvel essai, heureux cette fois, dans le quaternaire, il y a environ deux cent trente mille ans, avec le type de Néanderthal. Ce type s'est lentement modifié pendant tout le quaternaire ancien, pour aboutir au type de Cro-Magnon. Elle t'enseignera que, à l'encontre de certaines formes animales chez lesquelles se développent plus spécialement les mâchoires, les muscles ou la charpente osseuse, c'est le cerveau qui a pris, chez l'ancêtre précurseur de l'homme, un développement progressif continu. C'est à cette particularité que nous devons de posséder la terre. L'homme pouvait devenir un être plus vorace, ou plus agile, ou plus lourd, il est devenu plus intelligent.

Son industrie, très rudimentaire au début, s'est perfectionnée d'une manière lente et continue, sans secousse, et c'est ainsi que l'industrie humaine nous permet de reconnaître quatre types principaux dans le quaternaire ancien : le Chelléen, le Moustérien, le Solutréen et le Magdalénien.

Essentiellement chasseur, l'homme paléolithique ignorait l'agriculture et la domestication des animaux.

Toutes ses connaissances ont été acquises graduellement, elles lui servirent, dans les temps très anciens, à se défendre contre les fauves, plus forts que lui, et à s'emparer du gibier ou du poisson, plus faibles, mais plus agiles. L'intelligence grandissante a été pour l'homme le plus merveilleux facteur de domination sur les autres animaux et sur les choses.

Et tout ceci, ô Catulle, n'est point le simple exposé d'hypothèses plus ou moins brillantes, comme par exemple, celles qui constituent la base même des métaphysiques, mais, bien au contraire, l'énoncé de vérités aussi absolues que les vérités mathématiques.

Il est prouvé :

Que l'homme n'est pas un être à part ; qu'il est simplement le plus « avancé » des animaux ; qu'il n'a pas été créé ; qu'il provient d'ancêtres animaux ; qu'il s'est différencié ; qu'il n'a pas connu le paradis terrestre, ayant dû, dans sa nudité et sa faiblesse originelles, défendre son droit à la vie par ses ongles, ses dents et ses muscles, et plus tard par le coup-de-poing chelléen qui fut sa première arme.

Ces prémisses posées et admises – puisqu'elles ne sont point des opinions, des certitudes subjectives, mais bien des vérités, des certitudes objectives, c'est-à-dire l'évidence –, quelles sont les conclusions qui en découlent et qui s'imposent ?

D'abord celle-ci : il n'y a pas eu de paradis terrestre, donc point de rédemption. Il n'y a pas eu de rédemption, donc point de Messie, point de Sauveur, point de Fils de Dieu, et l'Église tout entière s'écroule par la base en ravalant Jésus de Nazareth au rang d'un révolté quelconque dont Athènes jadis eût fait une demi-divinité, et que Rome orgueilleuse a sacré triple dieu.

Cette conclusion a un corollaire que voici : les religions ne sont que l'œuvre des hommes. Ce n'est pas Dieu qui a fait l'homme à son image : c'est l'homme qui a inventé Dieu et l'a paré de toutes ses qualités et de tous ses vices ; c'est l'homme qui a créé le dieu anthropomorphe que notre époque prétendue civilisatrice adore.

Toute religion ainsi écartée de tes préoccupations intellectuelles, il reste, mon cher Catulle, à examiner la question de la morale.

« Sans doute, arguent quelques libres-penseurs, les religions sont un tissu de fables faisant plus d'honneur à l'imagination des hommes qu'à leur puissance de raison et de logique, mais enfin, il y a une loi morale à laquelle il nous faut obéir.»

Écoute bien, ô Catulle, ces palabres creuses, puis oublie-les. Car il y a trois systèmes de morale :

1° La morale du Devoir;

2° La morale du Bien,

l'une et l'autre aussi mortes que Kant depuis qu'on a reconnu qu'il n'y a ni bien ni mal; que nous ne sommes pas libres, mais déterminés; que nos actes sont la résultante de faits indépendants de notre volonté; que même en admettant la participation de la volonté dans nos manières d'agir, nous ne sommes pas libres d'avoir ou de n'avoir pas de volonté; que toutes nos facultés morales, que notre caractère sont déterminés à la fois par la physiologie de nos organes, le milieu et l'atavisme – et :

3° La morale sociologique qui qualifie «bien» ce qui est utile à l'espèce et «mal» ce qui lui est nuisible; morale que l'on peut considérer comme la seule défendable, prise du point de vue sociologique.

Mais l'individu n'a pas à s'occuper du point de vue sociologique. L'individu n'a pas de devoirs à remplir envers la société, car droit et devoir étant une seule et même relation, devoir pour l'agent, droit pour l'agi, il s'ensuit que l'individu a des droits qu'il peut exiger de la société. Si elle manque à ses droits, le contrat est rompu. Car c'est un argument insoutenable que celui qui consiste à présenter le droit comme plus limité que le devoir. Sans doute, un exemple classique nous enseigne que si le riche a le devoir de faire l'aumône, le pauvre n'a pas le droit de l'exiger, mais que vient faire cette objection toute relative dans un problème où il suffirait de multiplier chacun des facteurs par une même quantité pour renverser la solution ? Si au lieu de dire « le riche », je dis : « la ploutocratie » a le devoir de faire l'aumône, ne puis je émettre ainsi la deuxième partie de la proposition : la plèbe a le droit de l'exiger ? remplacez « aumône » par « répartition plus équitable des richesses » et vous obtenez l'argument sur lequel repose tout le socialisme.

Donc, dans la société actuelle, l'individu n'a de devoirs envers elle qu'autant qu'elle lui reconnaît une somme équivalente de droits. Sinon, le contrat est rompu. Or, tu n'es pas sans savoir, mon cher Catulle, qu'elle laisse affamer ses membres, qu'elle avilit parfois leur cerveau et leur cœur, qu'elle les tue pour la défense des préjugés et des mensonges, et que le plus féroce des hommes ne serait pas aussi inclément pour son ennemi que ne l'est la société envers ses malheureux et ses déshérités.

Tranquillise-toi, Catulle, tu n'as pas de devoirs.

Mais, s'il m'en souvient bien, la vieille morale classique reconnaissait trois sortes de devoirs :

1° Les devoirs envers Dieu – or, Zarathoustra nous enseigna que Dieu est mort, laissons en paix sa cendre ;

2° Les devoirs envers autrui, c'est-à-dire envers la société – et nous venons d'en mesurer la valeur ;

3° Les devoirs envers soi-même.

Je te conseille, ô mon jeune ami, d'accorder à ceux-ci quelque attention. Ta vie est ton bien le plus précieux. Sois-en persuadé, tu n'as que celui-là. Garde-le jalousement. Plains les gens qui te parleront d'une autre vie : ils sont des imposteurs ou des dupes. Personne n'est revenu de cet au-delà qu'ont inventé les religions pour pratiquer plus sûrement en ce monde l'exploitation des crédules et des fidèles.

Ils rient de l'Olympe et croient au Paradis ! Ils se moquent de Jupiter et de ses foudres et tremblent à l'idée d'un grand vieillard qui, assisté de son fils et d'une colombe – tous trois d'ailleurs ne faisant qu'une seule et même personne – leur demandera gravement des comptes sur la dureté de leur cœur (qu'il aura lui-même créé dur) et peut-être les condamnera à une éternité de flammes parce que, certains vendredis, ils auront mangé sciemment quelque poulet de grains au lieu de la poule d'eau autorisée par les conciles ! Ils attachent une valeur au mythe étrange de l'immortalité personnelle de l'homme, malgré les données de la science moderne qui réfutent ce dogme, et ils la refusent au singe. Or, Haeckel le fait justement remarquer, « si l'homme était réellement immortel, il devrait en être de même des vertébrés les plus voisins de lui, et surtout des mammifères».

Ce dogme ridicule de l'immortalité humaine n'est qu'un vestige des anciennes doctrines anthropocentriques. Quelque désespérante que paraisse cette conclusion, crois-moi, Catulle, la conscience que nous avons de notre être cesse avec les causes qui la produisent, c'est-à-dire un certain état harmonique de la matière grise cérébrale, et la santé physiologique des organes qui portent la vie au cerveau. On ne survit que par ses œuvres, et dans la mémoire des hommes, et par les richesses fécondantes que la décomposition de notre cadavre apporte au grand laboratoire de la terre. Nous sommes des composés de quatorze corps qualifiés simples et un homme naît toutes les fois que les combinaisons diverses de ces corps réalisent les desiderata anatomo-physiologiques nécessaires à l'existence de ce vertébré :

C—H—O—Az—P—S—Cl—Na—Ca—
Mg—K—Fe—Si—F

Adjoins à tout ceci des coefficients et des puissances idoines, brasse comme il convient les polynômes de cette équation monstrueuse ; réduis ta formule, résous, décante, et tu as l'homme.

Ainsi, mon jeune ami, la croyance en l'au-delà est un leurre. Il te faut surtout chercher à rendre cette vie agréable, à la savourer, selon l'expression de Voltaire, puisqu'il n'y en a point d'autre. Nous sommes, comme les autres animaux, des êtres empruntant au milieu les éléments nécessaires à notre existence et à notre reproduction ; plus que les autres animaux, nous avons des joies intellectuelles que nous empruntons également au milieu. Voilà ce qu'il faut retenir. Mais, dans l'échelle de la vie, de la cellule à l'homme, nous avons vu fonctionner une loi impérative, le « struggle for life » et ainsi formulée : « Absorption des éléments les uns par les autres en raison directe de leur masse et de leur degré de puissance. » Pourquoi cette loi viendrait-elle mourir au seuil de l'humanité ? N'avons-nous point l'exemple historique des empires absorbants, puis croulés sous la poussée d'autres empires mieux armés pour le « struggle for life » ? Une civilisation n'a-t-elle pas toujours fait place à toute civilisation plus forte en masse et en puissance ? Les entreprises industrielles mêmes n'absorbent-elles pas les plus faibles en raison directe de leur masse et de leur degré de puissance ? Pourquoi cacher hypocritement que le talent, l'habileté et la fortune ne sont que l'enveloppe soyeuse de cette loi du « struggle for life » qui règle les rapports des hommes ?

Tranquillise-toi, Catulle, laisse dormir ta conscience que les préjugés éducateurs bourrelleraient de remords, tu as le droit d'être un « struggler for life », tu as le droit d'être un arriviste.

III

Si je me suis appesanti à ce point, mon cher Catulle, sur les enseignements scientifiques relatifs à l'origine de l'homme et sur les conséquences graves résultant pour la morale de la ruine des systèmes anthropocentriques, c'est que, maintenant encore, on propage au sein des milieux éducateurs maintes théories fausses et maintes conceptions grotesques. Non seulement dans les écoles congréganistes (où ce ramassis de contes mythologiques qu'on appelle l'histoire sainte tient une place si importante) mais jusque dans les écoles de la République, on inculque aux enfants des notions qui ne soutiendraient pas l'examen, celle-ci, par exemple, que mourir pour sa patrie est un sort enviable.

Tu sais, mon jeune ami, toi qui étudies l'histoire sous la férule et les pensums, à quoi tient le destin des patries. On achète et on vend des provinces comme de simples vignes ; pour une querelle de ménage, tel roi s'est précipité sur le roi voisin et lui a volé du territoire – les peuples payant de leur vie et de leur argent, bien entendu –, tel autre en épousant la fille d'un César limitrophe a pris en dot tout un duché. Et quand les hasards de la politique mettent aux prises deux gouvernements, les pauvres diables loqueteux que sépare une frontière idéale s'iraient jeter les uns sur les autres, ambitieux de mourir pour la défense de ce qu'ils appellent leur patrie, comme si les locataires de deux immeubles voisins se devaient battre quand les propriétaires sont en désaccord ! Ce qui m'étonne, vois-tu, mon jeune ami, c'est qu'un immense éclat de rire ne réponde pas à tout gouvernement qui crie : « Aux armes ! » quand survient quelque incident diplomatique ou quelque querelle de frontière ! Mais enfin, les gouvernements sont dans leur rôle en exaltant le patriotisme sans lequel ils n'existeraient pas. Le merveilleux, c'est la façon dont les anticléricaux concilient leur négation d'une autre vie avec le culte de la patrie. Nous n'avons qu'une vie et nous irions la donner pour cette cause ? Quelle dérision !

Tu étoufferas donc en toi, ô Catulle, et le culte de la religion et celui de la patrie. L'une et l'autre te doivent être indifférentes, mais garde-toi, bien entendu, d'en laisser rien paraître. Elles sont deux remarquables instruments dont je t'enseignerai plus loin l'art de te bien servir.

Et je t'apprendrai aussi à jouer du mot « État » en habile homme. Cette entité n'est pas plus justifiable que la religion et la patrie, et rien ne me fera admettre une nécessité d'obéir aux lois – autre que celle qui résulte de mon amour pour la tranquillité. J'obéis aux lois parce que contraint et forcé. Tu feras ainsi, mon jeune élève, tu obéiras aux lois afin d'avoir la paix. Mais en toi-même, tu songeras que les mots « État », « religion » et « patrie » sont la représentation idéographique des trois plus considérables impostures de tous les temps. Table rase étant ainsi faite de tous les préjugés que te peuvent inculquer l'éducation, la lecture et la conversation des hommes arriérés, je puis maintenant te révéler tous mes secrets pour la conquête d'un monde où t'a lancé un hasard aveugle, où s'entre-dévorent toutes les ambitions, où pullulent toutes les ignorances et toutes les sottises.

IV

TON EXTRÊME JEUNESSE, mon ami, est le plus précieux des apports dans ton entreprise arriviste. À ton âge, on n'a pas encore eu le temps de commettre d'irréparables fautes, on n'a rien à redouter d'un passé encombrant et de promiscuités louches. Plus tard, dans la vie, cette parole chaque jour retentira à tes oreilles, émanée de lèvres soucieuses : «Ah ! si j'avais quinze ans, vingt ans de moins ! » Cela signifie, ô Catulle, qu'on a appris trop tard qu'il n'y a rien à révérer en ce monde, et rien à redouter des mystères du tombeau. Cela veut dire que vingt ans de moins et la science de la vie alors acquise, on agirait en arriviste, en « struggler for life ». Cela veut dire qu'on n'hésiterait pas à devenir une canaille pour l'amour de l'argent et des honneurs. Je pense que ce mot ne t'effrayera pas trop, il est passé dans le langage courant, il s'applique indifféremment à toute personne qui, sur la religion ou la politique, ne partage pas ce que nous croyons être nos opinions et nos idées. Quelle reconnaissance ne mériterais-je pas, à l'heure de ton triomphe, si la reconnaissance était au cœur des hommes, pour le bienfait que je te rends aujourd'hui en t'éclairant sur les réalités de la vie ! Les pédagogues, les philanthropes, les moralistes, les pontifes de l'esprit humain, mes collègues de l'Institut te diront : « N'aie d'autre objectif que le bien, l'honneur et le devoir. » Dépouillé de ce masque derrière lequel mon mépris des hommes passe son temps à sourire, je te crie : « Ne cherche qu'à t'élever au-dessus de tes contemporains, deviens riche, influent et considéré ! »

Que ta jeunesse se pénètre bien de ces vérités. Il te faut remplir ce triple but, si tu veux jouir des femmes et de toutes les satisfactions qu'offre la vie, si tu veux connaître les plaisirs des sens et les délicates voluptés de l'esprit. Ah ! que de pitoyables exemples s'offrent à la jeunesse, sortis de l'imagination pauvre des éducateurs ! Des Jeanne d'Arc, des Saint Louis de Gonzague, des Bayard, des Bobillot ; d'autres, illustres inconnus ; celui-ci, bon époux et bon père ; celui-là, employé honnête et dévoué ; tel autre, comptable probe et modeste, ou pompier courageux mort dans un incendie, ou soldat tombé sous les balles alors qu'il volait au secours de son capitaine ; et cette pauvre jeune fille séduite qui préféra la mort au déshonneur !

Veux-tu, mon jeune ami, à la suite de ces exemples qui font très bien dans les livres, que j'inscrive simplement le mien ? Voici : Je suis riche, j'habite un luxueux appartement, j'ai ascenseur, calorifère et téléphone. J'ai des domestiques. J'ignore le froid en hiver et l'extrême chaleur en été. J'ai une voiture qui me permet d'éclabousser les gens par les temps de boue sans en être moi-même incommodé. Mon tailleur est habile et mon bottier me fait des chaussures qui me couvrent le pied sans l'étreindre. Mes chapeaux sont légers et ne me donnent point de migraine. J'ai chaque matin chez moi coiffeur, masseur et pédicure qui m'évitent l'ennui d'une toilette fatigante lorsque je sors du bain. Les mets de ma table sont fins et distingués, mes vins exquis, mes cigares de tout premier ordre. J'ai des fleurs en toute saison. Je n'ai point la passion des tableaux, ni des collections, je ne me ruinerai donc ni en croûtes, ni en timbres-poste. Je ne fais guère de folies que pour les marbres, et encore les nudités m'intéressent seules. J'en ai chez moi toute une galerie. Si j'écris, je trouve sous ma main tous les documents dont je puis avoir besoin, ma bibliothèque étant fort belle. Le Larousse et la Grande Encyclopédie m'évitent souvent de me mettre en frais d'imagination pour les Premiers-Paris des journaux où je collabore. Chaque matin, je dépouille mon courrier. Il est toujours volumineux. Mon secrétaire se charge des lettres d'affaires, je me réserve de répondre aux demandes d'autographes et aux félicitations de mes admirateurs. Je soigne moi-même ma popularité. Quant aux lettres de femmes, aux déclarations enflammées, je juge généralement prudent de m'abstenir. Elles émanent presque toutes de vieilles femmes ou d'hystériques laides. Cependant, quand la personne est jeune et jolie et que j'en ai la preuve photographique, je me laisse le plus souvent convaincre et j'accorde un rendez-vous. Il est rare que j'aie plus de deux ou trois entrevues avec la même femme, car j'ai horreur des liaisons. Maintenant que l'âge me donne sur ce chapitre des loisirs considérables, je suis devenu très difficile et n'accorde de tête-à-tête qu'à des sujets absolument remarquables au double point de vue de l'âge et de la plastique naturelle.

Puis je déplie mes journaux. D'abord ceux de l'ennemi qui me traitent de gâteux, de crapule et d'impuissant. J'en ris parfois tout haut, et mon secrétaire fait chorus avec moi par courtisanerie. Je passe alors aux journaux amis, à ceux qui m'encensent. J'y apprends avec plaisir, et pour la millième fois, que je suis un génial écrivain, un penseur profond, un polémiste remarquable, un grand patriote et le rempart de tous les honnêtes gens. Ma vanité ainsi délicieusement chatouillée, je travaille à la mise au point de quelque ouvrage destiné à être couronné par l'Académie pour les idées morales qu'il renferme. Puis je reçois des visites. On m'appelle « cher maître » ; on vient me prier d'accepter le livre du jour ; on sollicite de moi un avis, un encouragement ; on me supplie de consentir à présider un banquet, une réunion ; on se traîne à mes genoux pour obtenir de moi la promesse d'un discours ou d'une conférence lors de quelque importante cérémonie ou de quelque événement inattendu. Des imbéciles, égarés par les diatribes égalitaires auxquelles je suis parfois forcé pour plaire au peuple, m'appellent « citoyen ». Ce sont les petits inconvénients du métier. Je suis aussi astreint à serrer plus d'une main douteuse. Cela m'oblige à des lavages fréquents dans une solution de sublimé au 1/1 000ᵉ.

L'après-midi, je vais au Bois, aux expositions, aux courses ; le soir au théâtre, au restaurant à la mode, au cercle, à une réunion de la ligue, à quelque conférence ou réception mondaine. On me choie, on m'admire, on me baise les mains, on me photographie, on me peint, on me sculpte, on me colle sur les murs et dans les vespasiennes, on se récite mes vers et on déclame ma prose.

Et le soir, quand je ne suis point trop las ou désireux de solitude, je m'endors dans les bras charmants de quelque délicieuse enfant au corps gracile et parfumé. Voilà ce que je suis, voilà l'exemple que je te propose plutôt que celui de tel humble et dévoué sujet de la République qui passe son temps à crever de faim, à souffrir du froid et de toutes les misères des pauvres, en gardant et défendant de son corps la fortune de ceux qui l'exploitent. Mais quand nous serons morts, cet honnête homme et moi, quelle différence viendra-t-on faire entre nos deux pourritures ?

Celle-ci : Les uns diront de moi : « C'était un grand homme ! » Les autres : « Ce fut une canaille ! » Des gens se trouveront encore pour m'accuser et d'autres pour me défendre. Et je ne serai pas ainsi tout à fait mort. Mais quant à cet homme qui demeura honnête, humble, vertueux, crois-moi, Catulle, mon jeune ami, la Mort l'aura pris tout entier, jusqu'aux moelles. Et l'on ne dira rien de lui.

V

SACHE DONC APPRÉCIER l'avantage d'être jeune et de connaître déjà ce que tant de gens ignoreront toujours : qu'il faut dominer, qu'il faut arriver par tous les moyens. Cette science acquise vaut presque toutes les autres. Tu as maintenant un but dans la vie : monter.

Mais, et c'est ici mon premier conseil, garde-toi bien de jamais laisser deviner cette ambition sourde. Chausse-toi de mules silencieuses pour ton ascension vers les sommets. N'imite pas ces intrigants vulgaires qui ont aux pieds de lourdes bottes semelées de clous grossiers. Ils marchent sur des épaules, des têtes et des mains que cette ferrure ensanglante. Et la douleur fait hurler les victimes, l'attention s'éveille, les cris gagnent de proche en proche, la coalition des humbles finit par barrer le chemin à l'envahisseur. Prends exemple sur les gymnastes, les acrobates, les clowns. Cherche à soulager celui qui te porte par des aspirations profondes qui, remplissant d'air ta cage thoracique, te rendront plus léger. Et que tes chaussures souples se posent délicatement sur les fronts escaladés. Que tes pas soient une caresse, que tes gestes soient câlins et onctueux, que tes ongles soient constamment engainés de velours. Éclaire tes yeux de douceur et sache bien sourire. Évite pourtant ce rictus stéréotypé sur les faces des imbéciles. Sois grave à l'occasion, souvent même, et que ton sourire paraisse un effet de la joie que tu éprouves à voir une personne chère. Fais en sorte que tout le monde se croie près de ton cœur. Comme tu es très jeune et que tu ne peux avoir encore assez de perspicacité pour deviner parmi tes condisciples ceux qui seront les maîtres de demain, ménage-les tous sans distinction de rang ni de fortune. À cet âge, toutes les chances sont égales, et le noble et le riche brosseront peut-être un jour les souliers du camarade pauvre assis auprès d'eux sur les bancs du lycée. Si ton caractère est violent et emporté, travaille à te contenir, à ne pas laisser percer l'envie qui bout en toi, l'orgueil qui te ronge, la jalousie qui te dévore. Sois surtout patient. Oppose un visage de bonté à celui qui serait disposé à te haïr. Ne rends pas le mal pour le mal.

Je sens poindre l'objection. Voici que tu t'écries : « Mais c'est un professeur de vertu que mon maître d'arrivisme ? Tous les moralistes m'ont appris à ne pas détester mon ennemi, mais à lui faire du bien. »

Ô Catulle, combien tu t'es mépris ! Je ne t'ai pas dit d'aimer ton ennemi, je t'ai crié : « Hais-le, hais-le de tout ton cœur, mais veille à ce que ton désir légitime de vengeance ne nuise point à tes intérêts dans le futur. Ne va pas ruiner pour une satisfaction d'amour-propre des possibilités d'avenir. Sache faire patienter ta vengeance. Montre-toi l'ami de celui qui te hait, puis attends dans un silence béat l'heure où il te pourra servir d'escabeau. Plus grande sera ta haine sourde, plus élevée sera la marche escaladée. » Tu vois, mon jeune ami, que le sacrifice demandé n'est point si pénible, puisqu'il se borne à différer les effets de la passion. Une seule vertu réelle est nécessaire : la patience. Une seule qualité est requise : l'intelligence. Un seul amour est commandé : l'amour de soi-même.

Être égoïste, intelligent, patient ; tout l'arrivisme tient en ces trois mots.

Je n'aurais pas entrepris cette tâche si je ne t'avais su égoïste et intelligent, et mon rôle jusqu'ici vient de se borner à te conseiller la patience. Cultive ton intelligence et ton égoïsme comme ces plantes délicates que le moindre souffle peut flétrir. Car le manque de préjugés et la connaissance des secrets de l'arriviste ne suffisent point à l'ascension des sommets. Ce sont des sots qui prétendent qu'on arrive sans intelligence, et il n'y a que des illuminés pour oser espérer la réussite sans un égoïsme absolu.

Si le succès, grâce à mes principes, pouvait être promis à tous, crois-tu que la société serait possible ? Demain verrait des batailles sanglantes et la ruine de toute civilisation et la mort de l'humanité. L'arriviste ne peut être conçu dans une société où tout le monde serait arriviste. Il n'existe que par les faibles, les niais et les résignés. Il est un loup dans la bergerie.

Aussi t'ai-je prévenu contre la divulgation de ces pages. Chaque arriviste qui naîtrait de mon œuvre diminuerait tes chances. Tiens-la secrète, dissimules-en les feuillets au fond de quelque tiroir, entre deux photographies obscènes.

VI

DÈS MAINTENANT, il te faut essayer une psychothérapie particulière. L'intelligence, la patience et l'égoïsme sont, je te l'ai dit, les trois principaux facteurs du succès. Aie l'esprit ouvert et curieux, travaille à acquérir la plus grande somme possible de connaissances, suivant le programme que je t'exposerai en quelque autre chapitre. Puis, exerce ta patience à écouter avec une attention bienveillante les âneries et les bavardages de tes condisciples. Admire le savoir de tes maîtres, même quand ils se seront montrés ignorants. Sache endurer sans te plaindre de ceux qui t'infligeront le récit de leurs maux, des affaires de leur famille et des aspirations de leur propre cœur. Développe également ton égoïsme :

n'aime personne. Une seule affection t'est permise, l'attachement pour les animaux, parce qu'ils ne peuvent généralement nuire. Il t'est loisible aussi de montrer quelque passion pour les fleurs et les objets d'art ; à ton âge, cela fait très bien, cela te placera très profondément dans le cœur des femmes et très haut dans l'esprit des hommes. Pour tout le reste, il faut te contenter de feindre des sentiments que tu n'éprouveras point. Tout malade doit être assuré de ta sollicitude la mieux imitée. Dès l'annonce de quelque douleur physique chez un de tes camarades, prends un air affligé comme si tu souffrais toi-même de ce mal. Ne crains point de l'interroger minutieusement sur les circonstances et la nature de sa maladie : il sera persuadé que tu lui portes un intérêt véritable, il dira de toi que tu as du cœur et te croira son meilleur ami. Sans doute, tu seras ainsi obligé de violenter quelque peu ta nature qui doit demeurer égoïste, ne l'oublions point, mais cette attitude feinte constituera pour toi le meilleur des placements. Dès maintenant, et plus tard dans la vie, aie présent à l'esprit ce passage de La

Rochefoucauld où il traite de la conversation. « Pour plaire aux autres, dit-il, il faut parler de ce qu'ils aiment et de ce qui les touche, éviter les disputes sur les choses indifférentes… écouter ceux qui parlent. Il faut leur donner le temps de se faire entendre et souffrir même qu'ils disent des choses inutiles. Bien loin de les contredire et de les interrompre, on doit au contraire entrer dans leur esprit et dans leur goût, montrer qu'on les entend, louer ce qu'ils disent autant qu'il mérite d'être loué, et faire voir que c'est plutôt par choix qu'on les loue que par complaisance. »

J'arrête ici ma citation, car aller plus loin serait faire de toi un homme vertueux et parfait : que les dieux me gardent d'un tel dessein ! Parle donc aussi de toi-même, quoi qu'en dise notre moraliste, mais avec réserve et mesure. Laisse surtout entendre que les choses que tu ne dis pas sont les plus fortes. Ne te vante que modérément et d'une manière intermittente, afin de passer pour modeste. Tu es encore trop jeune pour supporter dès maintenant une réputation d'orgueil. Emploie tes loisirs à étudier quelque science en dehors du programme, ou quelque chapitre réservé aux classes supérieures, et fais dériver la conversation sur ces nouvelles connaissances acquises. Revêts-toi de simplicité dans l'étalage de ton frais savoir. Ne tarde pas non plus à t'essayer dans le discours. À ton âge, on saisit très vite l'habitude des périphrases qui sont le fond de l'art oratoire. Il existe un certain nombre de clichés que tu te rappelleras toi-même, d'après tes classiques, et que tu pourras servir à l'occasion. Dès que tu sentiras trois camarades autour de toi, prends tout de suite le ton de la conférence. Si tu n'as plus rien à dire, trouve encore quelque chose, afin d'exercer ta faculté imaginative. Veille à parler sans précipitation, d'une façon posée, en te servant de mots choisis, de locutions élégantes, de citations heureuses. Garde-toi surtout de gesticuler bêtement, comme font les personnes qui ne sont pas orateurs et qui disent ce qu'elles pensent. Le bras droit seul doit dessiner le geste : l'avant-bras demeurant collé au corps. Cherche à disposer les doigts de ta main droite d'une manière gracieuse, originale même. Si tu précises un point de la discussion, que ta main soit en coquille, l'index et le pouce rapprochés comme si tu voulais cueillir une fleur.

Surveille par-dessus tout la façon dont tu portes la tête. Elle doit dominer quand tu parles, elle doit t'élever au-dessus de ceux qui t'entourent. Et il importe que tes yeux luisent, pour donner à l'auditoire l'illusion qu'il y a une âme derrière ces prunelles. Mais n'abuse point de tout ceci, ne sois point chaque jour en conférence, on finirait par deviner ton jeu et se moquer de toi. Choisis ton heure pour essayer ainsi ton influence dans le petit cercle de tes camarades. En toute autre occasion, contente-toi d'écouter, et de lancer parfois quelqu'un de ces aphorismes profondément creux que le vulgaire prend toujours pour un effet du génie. Et quand tu auras brillé, rentre un instant dans la coulisse pour que ta modestie en paraisse affligée.

Si une sympathie naissait en toi pour quelqu'un de ton entourage, extirpe-la violemment comme une dent mauvaise. Cette somme d'affection dont chaque être est capable, reporte-la tout entière sur toi-même et tes facultés. Aime-toi bien, pour n'être point tenté d'aimer les autres. Chéris à l'égal d'une maîtresse tes petits défauts cachés. Sois gourmand et sensuel, afin de ne devenir ni idéaliste ni diogénien. Je te dirai plus tard d'aimer toutes les femmes, pour n'être fidèle à aucune. Exerce actuellement ton cœur à des contractions analogues à celles des valvules des veines qui empêchent le reflux sanguin. Évite en toi la stagnation des sentiments ou le retour en arrière de quelque affection ayant déjà servi. Il est grand temps de t'accoutumer à ces choses, de peur d'avoir plus tard à en souffrir. N'aie aucun respect de l'amitié que les autres peuvent éprouver pour toi. S'ils t'aiment, c'est pour eux qu'ils t'aiment, c'est qu'ils éprouvent de la satisfaction à t'aimer. Tu ne leur dois point la réciproque de leurs sentiments. Vois ces chats que de bonnes gens imaginent volontiers pétris de tendresse parce qu'ils se frottent l'échine contre leurs jupons ou le bas de leur culotte dans un besoin de volupté à peu de frais. Les chats sont des personnes très sages, très avancées, qu'il convient d'imiter souvent. Ainsi plus tard n'accorderas-tu de tendresse aux femmes que d'après la somme de tes désirs charnels. Et comme il vaut souvent mieux aimer qu'être aimé, tu n'auras pas à les plaindre au jour de ton abandon. Si tu les as satisfaites, en la courte saison de tes amours, sois fier de toi et de tes œuvres. Mais ce sont là choses sur lesquelles je reviendrai bientôt, mon cher Catulle. Tu ne penses pas encore aux femmes et tu as bien raison. Elles sont toutes dangereuses ; les unes, parce qu'elles ont trop de cerveau et pas de cœur : ce sont les aventurières ; les autres, parce qu'elles n'ont qu'un cœur sensible et point de tête : les sentimentales ; d'autres enfin parce qu'elles n'ont ni cœur ni cerveau : et c'est la majorité des femmes.

Retournons donc bien vite à tes chères études et au programme que je t'ai récemment annoncé.

VII

Ce programme, ô mon jeune ami, tient en peu de mots : acquérir une connaissance superficielle de toutes choses. Il y a là un de ces truismes dont l'évidence friserait presque l'ironie, s'il n'était nécessaire d'insister sur les points auxquels le préjugé s'attache. Car je n'ai pas entendu dire qu'il fallait devenir très fort mais au contraire briller par une médiocrité calculée. L'amoncellement des connaissances ne permet plus en effet au cérébral le mieux équilibré d'être encyclopédiste, et il lui faut tout de suite se spécialiser s'il veut mériter de laisser un nom par ses œuvres.

Or, qu'est-ce qu'un grand chimiste, un grand musicien, un grand légiste, un grand électricien, un grand géographe ? Un ignorant pour tout le reste. Par contre, le médiocre contemporain est le plus intelligent. Il sait tout… très mal, mais il sait tout. L'exemple de ma vie et de mon œuvre si variée te prouve que je puis converser « *de omni re scibili* ». Je possède des notions assez étendues sur le frein Westinghouse aussi bien que sur la physiologie du cerveau ; je sais encore me servir des logarithmes et résoudre une équation du second degré ; on ne m'embarrassera point en m'interrogeant sur la géographie de l'Inde ou la troisième guerre punique ; j'ai toujours grand plaisir à causer avec un Anglais et dans sa langue du dernier volume de Rudyard Kipling ; et je n'éprouve aucun trouble, assis devant un piano, à déchiffrer quelque partition récente ou à accompagner les vocalises de la maîtresse de maison. Bien entendu, je ne te parle ni des discussions philosophiques où je suis passé maître, ni de mes connaissances appréciées en matière de chiffons ou de bibelots. Bref, je ne suis déplacé ni dans un milieu d'agriculteurs, ni parmi les membres de la conférence Molé ; je fais bonne figure au sein d'une commission médicale, et, ma foi, je m'amuse souvent, chiffres à l'appui, à discuter la question du libre-échange avec nos protectionnistes les plus en vue. Tout ceci, naturellement, sans préjudice de mes divers talents aux échecs, à l'épée, au pistolet, et de mes pronostics infaillibles quand il s'agit de désigner les petites danseuses du premier quadrille qui passeront coryphées, ou les coryphées qui seront nommés sujets aux prochains examens de l'Opéra. Enfin, qu'il s'agisse d'aérostation, d'aviculture, de botanique ou d'économie sociale ; que l'esthétique ou l'exégèse soit en cause ; la géologie, le blason, la numismatique ou la toxicologie ; la graphologie ou le Livre d'Hermès ; la Kabbale, le Talmud, le Bhâgavata-Purâna ou ce quatrième chapitre du Coran qui traite des femmes ; que la conversation vienne à tomber sur le South Kensington Museum ou les mœurs chinoises, l'exploration de Nansen ou les vices secrets de Louis XV, le bien-aimé, la recette de la salade russe ou l'art de perdre aux courses, j'ai des idées sur tout, des aperçus ingénieux sur tout, et si je ne prétends point que ces idées et ces aperçus me soient personnels, je sais, du moins, leur donner toutes les apparences. Et voilà comment je suis un homme très fort, un érudit remarquable, un grand écrivain et un profond génie.

Maintenant, mon jeune ami, tu peux apprécier ainsi qu'il convient la valeur de la médiocrité. Elle est supérieure au génie dont elle tient lieu d'ailleurs, et le plus souvent. Deviens donc un médiocre comme moi. Sache de tout un peu et n'apprends rien à fond. C'est la formule du parfait journaliste, c'est également celle de l'arriviste vraiment digne de ce nom. Tu ne dois être déplacé nulle part ; on n'arrive qu'à ce prix. Il faut, de toute nécessité, que ton esprit curieux, pieuvre de l'intellectualisme, étende ses tentacules sur les branches les plus diverses du savoir humain. Sans négliger les matières de ton baccalauréat qu'il te faut passer, coûte que coûte, veille à cultiver les arts qui exigent une assez longue pratique comme la musique et l'escrime. Mais surtout, efforce-toi d'acquérir de la facilité dans le discours écrit ou parlé. Tu ne seras jamais quelqu'un si tu ne possèdes à fond l'art de ne rien dire en beaucoup de phrases faites de très longs mots. Puis, prends l'habitude, chaque soir, en quelques notes brèves, de résumer les nouvelles connaissances acquises. Exerce ta mémoire à retenir facilement et longtemps. Cultive-la comme le champ d'où tu dois tirer exclusivement ta nourriture. Sans mémoire, il est aussi impossible de parvenir, que de s'élever sans orgueil. Or donc, en relisant tes notes quotidiennes, efforce-toi d'en graver la substance sur la molle cire de ton cerveau. Travaille les méthodes mnémotechniques, indispensables pour l'étude de l'histoire, des dates, des classifications. Sache faire la synthèse élémentaire d'une science à l'aide de quelques jalons bien placés. Il est des livres spéciaux qu'il convient que tu te procures, et qui, sous un petit volume, résument merveilleusement de considérables connaissances. La remembrance de tes lectures et ton habileté dans le discours feront le reste. Il te faut lire énormément, suivant un plan encyclopédique que tu pourras édifier toi-même en te servant de la classification d'Auguste Comte, la seule rationnelle. Il est vrai que ce grand homme a omis de situer parmi les connaissances celles dites théologiques, mais elles peuvent trouver place en un chapitre de l'histoire consacré à l'étude des aberrations humaines. Sans une instruction religieuse assez complète, tu ne pourrais réussir dans le monde. Dépense donc quelques heures à méditer sur la *Somme* de saint Thomas et les *Monita secreta* de la Compagnie de Jésus. Comme tout le monde, il te faudra te confesser, communier et recevoir la confirmation pendant ton séjour au lycée. N'en sois pas inquiet, cela n'a aucune importance. Tu pourras ainsi te familiariser avec le mauvais latin des paroissiens où l'on trouve à chaque page « miserere nobis » au lieu de « miserere nostri ». Et puis, tu écouteras attentivement les sermons de notre clergé national, afin de te bien pénétrer des méthodes les plus sûres à employer pour la domination et l'exploitation des foules crédules. Ses moyens sont d'une simplicité telle, que tu rougiras de t'en servir sans leur faire un brin de toilette, et pourtant, dans la plupart des cas, il n'y aura pas à hésiter : la foule est toujours la foule, c'est-à-dire une puissance formidable et imbécile qu'un enfant peut diriger à son gré. Bien entendu, sans qu'il soit nécessaire de montrer une ferveur remarquable, il convient cependant que tu fasses étalage de quelque piété et d'un grand respect des choses saintes. Ne ris pas en dessous quand tu entendras parler de la Bienheureuse «Vierge» Marie, «Mère» de Dieu, et, surtout, ne risque pas les hasards d'une méningite à vouloir percer un aussi curieux mystère. De même, l'aventure de Jonas dans la baleine, l'arrêt du soleil par un nommé Josué et la bizarre promiscuité de milliers d'animaux sauvages et domestiqués dans une arche de 183 mètres de long sur 25 de large et 15 de haut doivent trouver en toi un bienséant auditeur.

Garde-toi de soulever la moindre objection sur la possibilité scientifique des miracles et la contemporanéité remarquable d'Adam le père des hommes et des empereurs chinois Fo-Hi et Shin-Hung. Les Phéniciens adoraient les Baals, les chrétiens adorent un israélite crucifié, qu'est-ce que cela peut bien te faire? En quoi cela te gêne-t-il, s'il y a quelque bénéfice à tirer de l'exploitation habile de cette innocente manie ? Fais donc ainsi que tes camarades, et incline-toi quand sonne la clochette annonçant l'élévation de l'hostie par le prêtre. Ceci, d'abord, t'accoutumera à ployer l'échine, geste auguste que l'arriviste doit faire avec naturel, élégance et facilité. Et puis, tu seras tout de suite catalogué parmi les personnes bien pensantes.

Mais que le souci de ces petites pratiques religieuses ne te fasse pas oublier le côté sérieux de tes études. Potasse l'anglais et l'allemand au double point de vue de la grammaire et de la conversation. Il faudra de toute nécessité que tu arrives à parler couramment l'une ou l'autre, et ce qui vaudrait mieux, l'une et l'autre langues. Un moyen pratique pour la possession rapide de ces idiomes est d'éviter l'emploi des traductions dans l'étude des chefs-d'œuvre littéraires anglais ou allemands. Ne prends contact avec Shakespeare ou Goethe que dans leur langue, et, quoi qu'il t'en coûte de travail, tu auras exercé fructueusement tes facultés intellectuelles. Puis, habitue-toi à rédiger dans l'un ou l'autre de ces idiomes étrangers tes notes quotidiennes et personnelles sur les sujets les plus divers. Tu y gagneras de n'avoir presque jamais à redouter d'indiscrétions de ceux qui t'entourent, sinon dès à présent, du moins dans l'avenir.

Lors des compositions écrites, si tu connais bien cet art des périphrases dont j'ai essayé de te faire apprécier l'importance, tu réussiras toujours à décrocher les fortes notes. Laisse volontiers tes voisins copier sur toi, favorise-les même : cette légère fraude, grâce à tes efforts, sera remarquée des professeurs qui auront pour toi l'estime due à tout auteur original ; quant à tes condisciples, et bien qu'ils ne puissent bénéficier de ta complaisance calculée, ils te seront reconnaissants de cette bonne action. En fait, le cœur des hommes n'est pas tout entier pétri de boue, et c'est la fréquence relative des qualités morales chez autrui qui permet aux arrivistes comme nous de se frayer aisément un chemin.

Revois souvent les notes que t'auront inspirées tes lectures. Une sélection habile te permettra de te constituer un vade-mecum que plus tard tu estimeras à sa juste valeur. Choisis des textes peu connus et intéressants, signés de noms appréciés dans les milieux littéraires, ils seront pour toi dans l'avenir une source de citations et de sujets qui te feront passer aux yeux de la foule pour un érudit remarquable.

Afin d'assouplir ton style – ce sera ton arme de prédilection –, versifie fréquemment. Évite les sujets épiques, ne te fatigue point à chercher de grandes pensées pour imiter Victor Hugo, tu perdrais ton temps, mais attache-toi à ces futilités charmantes dont raffolent nos élégantes, nos mondaines, nos poupées. Accorde ta lyre au diapason des petits riens, des eaux dormantes, des fleurs fanées, des lèvres rouges. Bien retapé, tout ce vieux fonds de poésie fait encore son effet, aux lumières. Tu liquideras le stock entier plus tard, à des prix fous. Garde-toi de célébrer en un sonnet le culte de la Vierge Marie ou les talents secrets de quelque hétaïre ardente ! Banco inexorable, ce malheureux sonnet te poursuivrait, ta vie durant, tout au long des feuilles publiques, inlassable, obsédant et féroce.

Demande fréquemment conseil à tes professeurs, tu flatteras leur vanité et tu t'attireras leur estime. Ne vis pas en ours à l'écart, tu ne serais point pour eux ce « bon élève » pour lequel il te faut à tout prix passer. Ah ! mon cher Catulle, jusqu'à la fin de sa vie, l'arriviste doit être successivement le bon élève, le bon jeune homme, le bon époux, le bon père et le bon citoyen. L'arriviste, vois-tu, c'est de la bonté quintessenciée, c'est l'excellence même de toutes les qualités. Avoue donc que je suis aussi un « bon bougre », moi qui te dis ces choses uniquement par sympathie pour ta jeunesse, et quel que puisse être mon désir caché de te voir continuer une œuvre où j'ai mis le plus pur de mes haines.

VIII

De toutes les qualités nécessaires à l'arriviste, la plus précieuse est peut-être l'amour du travail. Servi par l'intelligence, il mène à tout. Tu as pu voir déjà que tes loisirs mêmes, tes récréations, devaient être employés d'une façon utile exigeant un travail cérébral fécond, puisqu'il s'agit d'acquérir sur ses camarades une suprématie de bon aloi. Je t'ai conseillé de cultiver par-dessus tout le style, le discours, l'art oratoire. Je n'y reviendrai pas. Veille maintenant à ne te point créer d'ennemis, mais au contraire des amitiés précieuses, dévouées même. Sème dès aujourd'hui la graine d'où sortira la moisson dorée de tes richesses, de tes honneurs et de ta gloire. Quand viendra l'heure de ta séparation d'avec tes condisciples, il faudra que ta perspicacité ait depuis longtemps deviné les plus aptes, les mieux taillés pour la concurrence vitale, et que de tels liens les attachent à toi, que cette séparation entraîne pour eux des larmes.

Mais, cette séparation opérée, les difficultés réelles vont commencer pour toi. Tu n'es pas riche, ta famille cependant pourra te faire une petite pension durant quelques années encore, le temps de conquérir une licence en droit, par exemple, cc qui sera pour toi un jeu, ta mémoire aidant. Réduit ainsi à la plus stricte économie, tu mèneras la vie pauvre de l'étudiant qui déjeune pour dix-huit sous, dîne pour vingt et ne fume jamais. Ne t'effraie pas trop : je suis passé par là. J'ai parfois maudit le sort, et puis j'ai pensé que cette simplicité de vie était le plus sûr garant d'une vie longue, exempte des rhumatismes dus à une jeunesse déréglée. Que tes repas soient ordonnancés suivant une hygiène sévère, ainsi d'ailleurs que toutes tes habitudes. Ne t'enivre jamais – pour être sûr de garder tes secrets et ne pas acquérir une réputation détestable. N'oublie pas que des gens qui te verraient gris une fois en dix ans, te qualifieraient volontiers d'ivrogne. Fuis l'alcool à l'égal d'un poison. Tu raisonnerais mal si, partant de ce principe que l'alcool procure une excitation brève, tu en buvais pour te donner quelque aplomb en une circonstance délicate. D'abord, il n'est pas certain que l'effet de cette absorption persisterait jusqu'au moment précis de l'utiliser, et puis, comptant sur cet adjuvant redoutable, tu négligerais de te fortifier dans l'audace, la confiance en soi, le toupet que tu dois posséder à froid au même titre que l'intelligence, la mémoire, la patience et l'égoïsme. Et le danger de l'accoutumance est là, terrible. Laisse l'alcool aux misérables, aux gens sans avenir, au vulgum pecus. Cette absinthe est leur seul bien, ne la dispute point à leur infortune. Et quant à ceux qui s'imaginent être fort sensés en se contentant de l'absinthe unique, mais quotidienne, aie pour eux le respect qu'on doit à des victimes. Ne leur arrache pas leur illusion puisqu'elle fera d'eux, dans la vie, des moins forts.

Je te permettrais le tabac si tu me pouvais assurer de ta sobriété. Que l'habitude, en tout cas, ne te rende jamais esclave. Exerce-toi à te détacher d'une chose que tu aimes. Sache te dominer si tu veux dominer les autres. Lorsque le désir violent de fumer te prendra, pose sur ta table, devant toi, tabac, feuilles et allumettes – et ne fume point, sauf à te récompenser de ton courage deux ou trois heures plus tard en t'accordant enfin une cigarette.

Sois chaste. Non par vertu, certes, je m'en moque comme de la toute-puissance de Zeus, mais par raison. Que tes rapports avec les femmes soient dûment cspacés, à cet âge précoce. Une alimentation convenable, d'où sont exclus les boissons fortes et les aphrodisiaques, te rendra plus léger ce devoir. Évite de prendre goût aux dessins ou lectures érotiques. Tu te rattraperas plus tard. Ce temps gagné sur la recherche des femmes et des choses d'amour est un placement de père de famille.

Lorsqu'enfin le besoin d'engendrer se fera sentir avec une violence inusitée, lorsque des images lubriques se dresseront entre le livre et toi, va sacrifier sur l'autel de la nature en quelque maison close. Puis, les rites accomplis, les ablutions achevées, l'hygiène satisfaite, rentre chez toi et n'y pense plus. D'aucuns te conseilleraient les femmes à l'œil, énamourées, éprises de ton physique séduisant. Mauvais moyen à cet âge trop tendre, et plus coûteux que le précédent. Songe au temps gaspillé à lever ce gibier difficile ; songe aux bocks offerts, peut-être aux dîners, aux cadeaux. Ne recherche donc pas ces occasions. Mais si elles se présentent, et elles se présenteront par la suite, saisis-les. La hantise des maisons closes n'est en effet qu'une phase de l'existence du jeune homme : celle qui suit sa sortie immédiate du collège. Plus tard viendra le temps des maîtresses. Je t'en parlerai au chapitre prochain.

Délivré de l'obsession de l'alcool, du tabac et des femmes, ne va pas prendre goût au jeu. Sache pourtant jouer, apprends la marche des jeux en usage, consacre à leur étude quelques-uns de tes loisirs, mais toujours sans passion, simplement parce qu'il est bien de connaître beaucoup de choses.

Veille à la tenue. Il importe que tu sois toujours vêtu correctement, chaussé de souliers aux talons intacts, coiffé de chapeaux

aux formes récentes, cravaté de nœuds irréprochables. Que ton linge soit immaculé, tes pantalons passés au fer, tes gants propres. Place la nécessité d'une belle tenue auprès de la nécessité de l'intelligence dans les fastes de l'arriviste.

Puis soigne ton physique. Garde-toi de la calvitie menaçante, alors qu'il en est temps encore. Et ne va pas porter ces ridicules cheveux longs qu'affectionnent des jeunes gens nés cinq siècles trop tard. Sois toujours peigné, lissé, cosmétiqué comme pour un bal. Que ta moustache – je te parle là d'un avenir lointain – soit d'une allure fière et conquérante. Sois toujours frais rasé, si tu ne veux porter cette belle barbe blonde que mon pauvre grand ami Georges illustra si bien, et qui faillit tourner la tête de la France, un beau soir. Mais surtout que tes dents soient l'objet de soins attentifs et journaliers. Lave-les, brosse-les comme des joyaux qui doivent te permettre de sourire sans être disgracieux. Mal entretenues, elles font de la bouche qui les porte un égout nauséabond. Une haleine parfumée – neutre tout au moins – est nécessaire à l'homme qui veut glisser des confidences à l'oreille des belles marquises et dans le cou de nos plus célèbres « professionnal beauties ». Soigne aussi tes mains qui ne peuvent être rugueuses sans désavantages. Épile-les, si ta complexion naturelle est velue. Tes ongles, ô Catulle, nettoie-les sept fois le jour, plutôt que d'omettre une pareille précaution. Leurs dessous constituent un foyer d'infection bactérique. Ne sois point négligent à cet égard. Coupe-les fréquemment. Il vaudrait mieux qu'ils fussent plutôt courts. Tu rencontreras parfois des gens qui élèvent un ongle comme une asperge et le laissent pousser de plusieurs centimètres. Ceux-là bien certainement obéissent à quelque instinct atavique laissé par nos parents grimpeurs. Évite de tomber dans un travers à tel point ridicule.

Enfin, sur ce chapitre, ma recommandation suprême est celle-ci : aime l'eau à la folie. Ne crains pas d'abuser de ce précieux élément. Il est à la portée des plus pauvres, et pourtant les Français mettent, en général, une sorte de coquetterie à l'ignorer. Imite l'Anglais dans ses mœurs hydrothérapiques. Économise s'il le faut sur ta nourriture, mais achète un tub, un appareil à douches, une machine quelconque qui te mette en contact fréquent, violent et complet avec le liquide bienfaisant. Sois persuadé qu'une douche, au saut du lit, vaut mieux qu'un déjeuner.

N'oublie point, chaque matin, de te livrer à quelque exercice fortifiant de gymnastique. Il existe pour cela des appareils pratiques et peu coûteux qui donneront plus d'élasticité et de vigueur à tes muscles, te maintiendront dans ton agilité primesautière, te garderont de devenir podagre ou obèse et prolongeront ta belle et fertile jeunesse. Et lorsqu'après une gymnastique raisonnée, quelque violente aspersion t'inondera le corps, tu éprouveras, mon jeune ami, cette joie intense de vivre, d'aspirer l'air à pleins poumons, de se sentir plus près enfin de la nature, partant plus heureux. C'est une grande chose que d'avoir en soi, dès l'aube, de la force, du courage et de la combativité pour tout un jour.

IX

SCHOPENHAUER dit quelque part que l'homme est polygame. C'est là un fait indiscutable. Car, outre le grand nombre de peuples chez lesquels la polygamie est la règle, on trouve, au sein même des sociétés monogames, un état de concubinage généralisé, c'est-à-dire une polygamie effective, sinon reconnue et inscrite dans les lois. L'homme est inconstant par nature, la femme est fidèle pour la même raison. La morale n'a donc pas à intervenir dans la question des rapports extra-conjugaux, car je ne lui suppose pas, parmi ses outrecuidantes prétentions, celle véritablement bouffonne de s'opposer au fonctionnement régulier des lois naturelles. D'ailleurs, mon cher Catulle, avec ou sans l'aide des moralistes, le fait est là, certain comme l'existence : l'homme est adultère. Des esprits arriérés essaieront de jouer l'indignation. Ils te diront : « Mais enfin, pourquoi jurer fidélité à une femme ? La tromper, c'est se rendre coupable. » Tu sais ce que vaut l'aune de la responsabilité. Or, dans ce cas spécial, elle est aisée à réfuter. À quoi nous engage un serment que nous ne sommes pas capables de tenir ? Faire un serment, c'est escompter l'avenir – qui ne nous appartient pas. Donc, serment non valable, en droit aussi bien qu'en fait. Les moralistes ignorent-ils que nous ne sommes pas maîtres de croire ou de ne pas croire, d'aimer ou de ne pas aimer, d'être heureux ou misérables, vertueux ou criminels ? Remarque bien, mon jeune ami, que, tout en écrivant à ton intention ce manuel de l'arriviste, je ne suis pas du tout certain que tu suivras mes conseils, plutôt que ceux des néoplatoniciens, par exemple. Il se peut que ton tempérament, ou quelque influence de milieu, ou quelque cause fortuite fasse de toi un altruiste, un coureur d'idéaux ; il se peut que, malgré mes efforts pour te faire marcher sur mes traces, tu t'écartes brusquement des sentiers fleuris où je promène ma vieillesse heureuse et souriante, pour te jeter en quelque abîme de doute, de folles chimères, de désintéressement, de religieuses billevesées. La vie est ainsi faite, et j'aurai perdu mon temps. Ceci pour te bien persuader de la fragilité de nos résolutions, de nos vouloirs et de nos espérances.

Donc, l'homme est adultère. Donc, tu le seras, mais sans remords comme ces pauvres paralytiques de la volonté, tu le seras sereinement, joyeusement, sans autre crainte que celle de te nuire dans tes intérêts immédiats ou à venir. Mais si, une fois marié, l'adultère doit être entouré de précautions minutieuses, il peut s'étaler impunément « ante matrimonium ». Le moindre de ses avantages est de t'obliger à changer de maîtresse, si la maîtresse trompée a le mauvais goût de se montrer froissée de tes infidélités cubiculaires.

Laissons de côté pour le moment la question du mariage, et n'envisageons que la conduite à tenir à l'égard des maîtresses, sitôt passée cette période de l'adolescence où l'on hante les maisons closes.

Écoute-moi bien, ô Catulle, et ne va pas me traiter de radoteur si je ne fais ici que répéter un conseil mille fois donné, un conseil illustré par ce livre remarquable : *Sapho*. Je viens aussi te dire : ne te colle pas. Tu sais ma haine des préjugés, tu as pu apprécier combien j'étais peu vieux jeu et si je me rencontre, sur le chapitre du collage, avec tant de gens bien pensants, rassis, conservateurs, moi le destructeur des idoles, l'anarchiste des conventions et des croyances, c'est qu'il y a là une vérité intangible, inattaquable, c'est que le collage constitue un péril : l'homme qui vit maritalement avec une femme finit par l'épouser, ou bien il ne peut en épouser une autre, ou bien encore il est saigné aux quatre veines s'il réussit à la quitter – abstraction faite des difficultés que lui crée ce concubinage quand il s'agit de s'élever un peu dans la sphère des relations.

On se dit : « Oh ! avec mon tempérament, quand j'aurai assez d'une maîtresse et qu'il faudra songer à me marier, j'ouvrirai la porte et je prierai poliment ma compagne de chercher une autre chaumière et un autre cœur. »

Ne te fie point à cette dangereuse illusion. Il est des femmes assez méchantes pour oser se plaindre quand on les abandonne, pour – semblables à l'âne du fabuliste – se défendre quand on les attaque, pour jeter les hauts cris quand on leur avoue qu'on leur en préfère une autre. Et elles vous lancent à la tête leur jeunesse fanée, leur vie dévastée, leur cœur meurtri, le tout assaisonné d'un bol d'acide sulfurique (SO3, HO), liquide essentiellement corrosif et d'une action plutôt fâcheuse sur les tissus de la face et l'esthétique du visage humain. Parfois de faibles femmes courent armer leur bras du revolver vengeur ; parfois, dégoûtées d'un monde qu'elles avaient imaginé tout autre, elles vont chercher dans la mort un remède suprême à leurs maux. Celles-ci ont tort. Il n'est point de chagrin d'amour qui soit incurable. Il suffit de savoir attendre. Mon excellent et vieil ami, Henri Rochefort, a très bien observé, dans ses *Mémoires*, que le désespéré amoureux qui consentirait à ajourner [de] dix ans sa fatale résolution serait assuré de mourir de vieillesse si, dans l'intervalle, il ne succombait pour quelque autre cause.

Mais il n'en demeure pas moins avéré que des maîtresses, sous le coup d'une mutation inattendue, se vengent, et cela seul suffirait à rendre dangereuse la cohabitation régulière avec une femme. Tu objecteras, mon jeune ami, que, sans cette cohabitation, une maîtresse peut s'attacher à toi comme un lierre à son chêne et se comporter en cas de remplacement ainsi qu'une concubine. Certes, oui, mais le cas est plus rare, et d'ailleurs, il y a un remède que voici : sois inconstant. Change de femme en même temps que se renouvellent les saisons. Tu y gagneras de connaître mieux les femmes, de goûter des plaisirs plus variés, d'affiner en toi le sens du beau. Garde un peu plus longtemps celles qui te pourraient être utiles, soit par les relations qu'elles te procureraient, soit par les commissions délicates dont elles voudraient bien se charger, soit par les sacrifices dont elles seraient capables par amour pour toi et s'il le fallait pour le plus grand bien de ton avancement dans la vie. Ainsi, pour l'obtention d'une décoration, pour un emprunt, pour l'élévation à quelque grade dont on est indigne, les femmes sont de très précieux auxiliaires. Ménage-les à ce point de vue. Renvoie bien vite celles qui te seraient inutiles et qui n'auraient à t'offrir que leur amour. Qu'est-ce que cela peut te faire, l'amour d'une femme ? C'est encombrant et fastidieux. Quant à toi, tu n'aimeras point tes maîtresses. Tu ne rechercheras dans le commerce des femmes que la satisfaction de tes désirs voluptueux, et cela, tu le verras par la suite, ne diffère guère suivant les sujets. Bien entendu, tu feras en sorte que chaque maîtresse nouvelle s'imagine être l'élue de ton cœur, la seule, celle-là même que tout ton être attendait depuis son premier souffle de vie. Tu lui diras souvent que tu l'adores, c'est une manie qu'ont les femmes de vouloir être adorées et d'aimer à se l'entendre dire. Prends de bonne heure l'habitude de les désigner par un nom que je qualifierai de patronymique par opposition au prénom dont on a généralement accoutumé de se servir dans les relations journalières. En les appelant toutes indifféremment « ma mignonne », « ma chérie », « mon chien », « mon petit canard », au lieu de Gabrielle, Célestine, Suzanne ou

Léona, tu évites le danger constant d'une erreur fâcheuse, car rien ne refroidit l'ardeur d'une amante, au plus fort des embrassements, comme de s'entendre nommer Rachel quand elle s'est toute sa vie appelée Paméla.

Veille aussi à ne point laisser de rejetons. La question de la dépopulation est une de celles qui doivent te fournir les plus éloquentes diatribes « coram populo », mais te laisser d'une indifférence absolue dans l'intimité de tes actes et de tes pensées. Que t'importe, n'est-ce pas, que la France se dépeuple ou non ? « La France se meurt ! » crient les pessimistes. Épargnez-lui donc, Messieurs, votre discordant tumulte, et, pour rappeler une parole de Renan, « laissez-la mourir en paix ». Ainsi, mon jeune ami, tu seras malthusien. Et tu obligeras tes maîtresses à être malthusiennes, sous peine de déchéance immédiate. Il est bien évident que, s'il s'agit d'une passante, tu te désintéresseras des suites, et n'auras d'autre objectif que celui de t'extérioriser en de voluptueuses étreintes. Mais la venue d'un enfant dans l'état de concubinage serait le plus irréparable des désastres. Ce serait le câble te liant à ta maîtresse pour la vie, ou bien une menace perpétuelle de chantage, un fourbi de Damoclès toujours prêt à s'écraser sur ton chef tremblant. Catulle, ne fais pas cela. Tu vas t'élever ; déjà tu t'agrippes au sommet, tu décroches l'anneau d'un mariage riche, tu crois le tenir, et crac... voici que tout s'écroule, l'enfant né de ta collaboration avec quelque maîtresse oubliée surgit comme le Méphistophélès de Goethe. C'est le coup de baguette magique transformant ton palais en une misérable hutte de bûcheron. Et tu n'as plus qu'à t'en aller, honteux et rouge, faux arriviste, intrigant vulgaire, bon seulement à faire des enfants comme le premier charretier venu.

Songes-y bien, ô mon jeune élève, n'oublie pas dans les bras charmants des amoureuses qui se donneront exclusivement à toi, les élémentaires prescriptions de la bonne déesse Stérilité. Pourtant, si quelque malchance te poursuivait ; si le hasard un jour lançait (pends-toi, Richepin) un spermatozoïde aveugle dans l'ovaire, alors, n'hésite point, mon cher Catulle, conduis sur-le-champ ta maîtresse dans l'un de ces entresols semi-obscurs où, pour une centaine de francs, une sage-femme bienveillante, habile et d'une prudence éprouvée, délivrera ta maîtresse de l'occulte fruit du péché, et toi-même de l'affreux cauchemar qui troublait tes nuits. D'aucuns qualifieraient ces manœuvres d'abortives, toi, mon jeune ami, qui connaîtras l'art des euphémismes, tu diras simplement à ta maîtresse que tu la fais soigner.

Et maintenant, sur ce chapitre des femmes, quelques mots encore. Malgré toi, peut-être, tu ressentiras pour une maîtresse plus que du désir, un attachement violent, de la passion même. Alors, vite le remède : trompe-la, trompe-la tout de suite, cherche-toi une autre compagne. Tu ne redouteras plus, de la sorte, une rupture infiniment pénible. Rappelle-toi qu'il ne faut renvoyer une maîtresse que quand sa remplaçante attend à la porte. Il ne doit exister entre deux amours aucune solution de continuité. Redoute de demeurer seul – ne fût-ce qu'une nuit – à rêver de la maîtresse absente. Endors-toi sur les jeunes seins de quelque belle fille et tu oublieras toutes les autres.

Puis, évite de devenir jaloux. Garde-toi de considérer la femme comme une propriété qui te serait personnelle. Réjouis-toi plutôt à l'idée que tu en as seulement l'usufruit. On n'est point trompé quand on ne croit point aux promesses. N'accorde tes faveurs aux femmes mariées que dans le cas de sécurité absolue pour toi sous le double chapitre de la discrétion et de la quiétude. Choisis de préférence les épouses d'hommes influents, et capables (sous la pression, l'empire, l'ascendant de leur femme) de t'aider efficacement, soit de leurs propres deniers, soit de leur crédit auprès d'autres hommes influents et haut placés dans l'échelle sociale.

Méfie-toi des femmes qui auraient un mari trop ridicule : cela généralement déteint.

X

JE VAIS ENCORE TE PARLER des femmes. Par leur influence, de la mère à l'épouse et à la vieille amie, elles sont, vois-tu, la moitié de la vie et les trois quarts de l'autre moitié. Il faut leur accorder une très petite part de confiance, et, pour le reste, agir avec elles comme avec nos plus dangereux ennemis.

Tu écriras peu – je ne traite ici que de la correspondance féminine, l'autre devant être étudiée ultérieurement –, tes lettres d'amour se réduiront à des généralités et pourront s'appliquer aussi bien aux unes qu'aux autres, la couleur des cheveux ou des yeux changeant seule suivant les sujets. Tu n'y parleras point de tes affaires, ni de toute question autre que celle d'amour. N'hésite pas à te servir des vieux clichés : flamme pure, passion ardente, nuits sans sommeil, image toujours présente, rêve de toute une vie, etc., et termine en leur baisant les mains, les pieds ou toute autre partie de leur charmante personne. Si quelque phrase très bête te vient sous la plume, inscris-la tout de suite, c'est celle qui produira le plus d'effet. Rappelle-toi Schopenhauer : « La femme est un animal à cheveux longs et à idées courtes. » Pourquoi fatiguerais-tu tes méninges pour une rhétorique qui demeurerait incomprise ? Enfin, n'abuse pas de ta signature, le prénom suffisant dans la plupart des cas.

Quant aux réponses que provoqueront tes épîtres ou qui jailliront spontanément du cerveau énamouré de ta gracieuse adoratrice, ne les conserve que si elles réalisent les desiderata suivants :

1° Ou bien elles offrent un intérêt au point de vue de la forme ou quelque originalité dans les idées exprimées – et dans ce cas, elles seront pour plus tard la matière toute trouvée d'un roman ;

2° ou bien elles sont compromettantes pour leur signataire. Considère-les alors, mon cher

Catulle, comme une arme qui pourrait t'être utile à l'avenir.

Mais brûle tout le reste.

Il faut que ta maîtresse se suffise à elle-même, qu'elle soit élégante et ne te coûte rien. Renvoie bien vite une femme qui aurait de continuels besoins d'argent. Suivant tes moyens, tu pourras de temps en temps lui offrir quelque colifichet, quelqu'un de ces riens qui ajoutent à la beauté des femmes. (Cette dépense devant flatter ton amour-propre, tu en bénéficies par cela même, et j'ai cru en conséquence pouvoir insérer une telle exception dans le manuel de l'arriviste.) Mais en règle générale, ne donne jamais d'argent. Je puis même affirmer que le contraire est le seul vrai et que, parmi les hommes, les souteneurs sont les plus aimés. Ceci m'amène tout naturellement à une question très délicate et que je vais essayer de traiter en artiste, pour ne pas effaroucher ton jeune esprit.

Le monde regarde d'un œil sévère, il blâme furieusement l'homme qui vit d'une femme. Cependant il accepte à bras ouverts, tel décavé, tel parasite au nom ronflant qui se vend à quelque fille de marchand de porcs enrichi. Je n'apprécie pas, je constate. Ceci pour te prouver simplement que les louanges ou les mépris du monde sont une monnaie de fort mauvais aloi et qui ne doit intervenir en rien dans les méditations de ta conscience. Quant à la conduite de tes actes, elle est bien simple : toujours chercher à t'attirer l'approbation du monde, infiniment plus féconde en avantages pécuniaires que ses mépris. Mais bien avant de mériter les jugements mondains, il y a une période obscure dans la vie du jeune homme où, encore inconnu, il peut traverser des moments difficiles et peiner à la recherche du louis indispensable. En ce cas, mon ami, n'hésite point. Ta maîtresse d'alors n'est-elle pas l'aide naturelle, n'est-elle pas l'amie qui doit t'aplanir les sentiers, écarter les broussailles de la route ? Une femme n'est-elle pas, pour celui qu'elle aime, le dévouement jusqu'au sacrifice de soi-même ? Eh ! bien, adresse-toi à cette maîtresse que tu fis palpiter de si exquises jouissances. Conte-lui ta peine, verbalement, bien entendu ; joue le désespoir, suivant les plus pures traditions de la Comédie-Française ; feins d'être arrivé, quoique si jeune, au dernier acte de ta vie, et tâche de trouver en tes glandes lacrymales un pleur ou deux. Puis retire-toi noblement. Si ta maîtresse a quelque argent, elle te le donnera tout de suite, et si elle n'en a point, ah ! sois tranquille, elle est jeune, élégante et jolie, elle t'en trouvera. Et comme il n'y a que le premier pas qui coûte, peut-être te deviendra-t-il possible, par la suite, de te constituer à l'aide de ce moyen distingué une source assez régulière de revenus. Pourvu que le monde n'en sache rien, pourvu que le reproche d'être un Jupillon ne te puisse être adressé sans preuves, crois-moi, Catulle, sois fier de ta conduite. Tu sauras ainsi jusqu'à quel point tu es aimé. Tu mesureras le dévouement de ta maîtresse à ses libéralités. Si le chiffre de ses apports dépasse celui de tes besoins, place le superflu à la Caisse d'Épargne. Et, de la sorte, tu réaliseras cette maxime courante dans le clan des pauvres bougres : le travail et l'économie conduisent tout droit à la fortune.

Pas de faux scrupules, pas de préjugés.

Au jour des faiblesses, s'il te répugnait d'être cet Alphonse tant décrié par les moralistes, rappelle-toi, Catulle, que je l'ai été – ce qui ne m'empêche aucunement de figurer en bonne place, vers le haut de l'échelle, sur les cadres de la Légion d'honneur.

XI

SI TU AS BIEN COMPRIS tout ce qui précède, tout ce que j'ai dit ou voulu dire des femmes et de la façon dont l'arriviste se doit comporter vis-à-vis d'elles, tu pourras toi-même résumer mon enseignement comme suit : extraire des femmes tout ce qu'elles peuvent donner au triple point de vue de la volupté, des satisfactions d'amour-propre et des avantages matériels. Puis les rejeter comme un fruit dont on a exprimé tout le suc.

Ne te laisse jamais détourner de ta route par des pleurs ou des supplications. Les femmes sont des comédiennes d'instinct, adroites et fines. Sois leur maître. En t'exerçant toi-même à jouer la comédie du sentiment, tu te garderas de les juger autrement qu'en artiste.

Vois les cabots quand ils vont au spectacle. Ils épluchent le jeu de leurs camarades et ne se laissent point émouvoir par le pathétique de la scène. Ils dénombrent les ficelles du métier et disent ensuite du tragédien qui incarna Hamlet : « c'est ça » ou « ce n'est pas ça ». Si donc ta maîtresse a le masque antique, si elle soulève bien sa poitrine dans le sanglot, si ses yeux sont expressifs des grandes douleurs, admire de confiance et sans arrière-pensée. Félicite-toi intérieurement d'avoir choisi une compagne d'un aussi réel talent. Mais ne t'attendris point. Demeure ferme dans tes résolutions. Ne fais pas de sentiment. Sois bien pénétré de cette idée que les peines les plus intenses ne durent guère plus que les joies les plus fortes, que les chagrins des femmes sont tout à la surface, que leurs larmes coulent pour l'équilibre de leur santé capricieuse et qu'autant en emporte le vent.

C'est pourquoi il te faut te garder de devenir sentimental. C'est pourquoi les souvenirs, les rubans, les vieilles lettres, les bouquets fanés, les cheveux, les photographies, les mouchoirs et toutes pièces des musées d'amour doivent te trouver indifférent et sceptique. Ne garde un souvenir de ce genre que s'il peut te devenir utile un jour de le représenter pour faire croire à l'ardeur de ta passion, à ton culte, à ta dévotion pour une femme. Et quand toutes relations seront rompues avec celle-ci, vite au panier, au feu, les souvenirs, ces termites du courage et de la volonté. Tu y gagneras de pouvoir ouvrir largement tes tiroirs à la maîtresse nouvelle et de lui dire de cette voix chaude et grave des premiers rôles, en donnant à tes yeux un éclat troublant et inspiré, à ta lèvre ce tremblement des émotions sincères : «Vous êtes mon premier amour ! »

Et la fatuité des femmes est telle, ô Catulle, qu'elle le croira !

XII

NANTI de l'indispensable baccalauréat, tu prendras, mon cher Catulle, tes inscriptions à quelque faculté. Je te conseille le Droit ou les Lettres. Ne va pas essayer l'École des chartes, ou l'École des hautes études, l'une et l'autre feraient de toi un savant, c'est-à-dire un être sans avenir, ignoré des foules et méprisé du vulgaire, donc, tout le contraire d'un arriviste qui, lui, doit posséder l'admiration des sots. Mais que nous importe la qualité de nos adulateurs, s'ils nous font l'existence heureuse et enviable ! Ta mémoire cultivée avec soin te permettra l'obtention rapide d'une licence, et tu pourras te parer de ce titre comme un paon de ses plumes. Tu n'oublieras point à la faculté les préceptes que tu auras suivis au collège, relatifs à la conduite à tenir envers tes professeurs et tes camarades. Il sera bien de tutoyer ceux-ci. Quelques-uns d'entre eux pourront devenir ministres ou leaders de parti : le tutoiement te donnera une influence plus marquée. Quant à ceux qui tourneraient mal, qui tomberaient dans la misère, les bas-fonds sociaux, tu en serais quitte pour leur dire, le jour où s'autorisant d'une ancienne camaraderie, ils oseraient te tendre la main : « Monsieur, vous vous méprenez, je ne vous connais pas. »

Sois gai, jovial d'allures, « good tempered », comme on dit outre-Manche. Sache pourtant être grave aux heures des cours et dans les discussions. Tu te garderas de jamais pérorer sincèrement. Tu ne diras que ce qu'il faut dire, quel que soit ton sentiment sur le sujet en cause. Sur toutes matières politiques ou religieuses, place-toi immédiatement dans le camp de la majorité. Conserve en toutes choses un équilibre sage. Évite de te faire remarquer par des idées subversives. Flétris les attentats, les grèves, les révolutions. Prends la défense des croyances religieuses que tu déclareras nécessaires pour maintenir le peuple dans la saine observance des lois et l'acceptation résignée de sa misère. Sois pétri de pensées mitoyennes, ménagères de la chèvre et du chou, sois tout de suite le « bon jeune homme ». Mais il ne faut pas que la modération de tes prétendues théories et de ton langage de commande mette une barrière entre des camarades hyperboliques et toi. Leur fanatisme, pour ou contre la Révolution, pour ou contre le trône et l'autel, ne doit point t'empêcher de cultiver leur amitié, en raison même de l'aide précieuse qu'elle te peut apporter plus tard.

Deviens l'intime du collectiviste le plus rouge aussi bien que du royaliste le plus fleurdelisé, si l'un et l'autre sont la représentation d'une valeur. Il faut qu'ils disent de toi : « Catulle ne partage pas mes idées, mais il est mon ami. » Réprime surtout ces velléités d'indépendance qui généralement se font jour dans l'esprit des jeunes gens et à ce moment de leurs études. Il ne faut pas que l'expression « tant pis » surgisse en toi. Prends tout au sérieux et ne va pas, par un emballement irréfléchi, adopter telle ou telle attitude, telle ou telle manière de penser ou d'agir que tu aurais à payer plus tard amèrement. Nulle gaminerie, même dans tes lettres à tes amis. Rappelle-toi d'ailleurs que ce mot d'« ami » est impropre, puisqu'il n'y a dans la vie que des rivaux. Mais je t'en ai dit assez sur ce point pour être sûr que tu t'efforceras d'être l'ami de tous et de n'aimer personne. Donc, les lettres écrites à ces pseudo-amis le seront toujours en vue de l'effet à en obtenir dans le futur. Si tu peux provoquer des confidences, tant mieux, quant à toi, tu ne perdras point de vue qu'on ne doit point confier à ses amis de choses qui ne puissent être dites à son plus mortel ennemi. Aussi te tiendras-tu dans le vaste champ des lieux communs ; aussi exprimeras-tu sur des riens des idées à tendances élevées, à aspirations nobles et généreuses. Avant d'écrire à tes amis les plus intimes, ouvre toutes grandes la porte et la fenêtre et convie le monde entier à regarder par-dessus ton épaule. Feins parfois d'avouer en secret tes défauts, pour qu'on te croie sincère et communicatif, ayant bien soin de t'accuser de ces défauts chers à tout le monde, de ces défauts dont on se vante ainsi que d'une qualité : nature prompte à la colère, passion excessive pour les femmes, la lecture, etc. Quand il s'agira de tierces personnes, n'en médis point, tes lettres pourraient plus tard leur tomber sous les yeux et tu te les aliénerais du coup. Sois laudatif envers autrui. Cela ne te coûtera jamais rien, puisqu'il ne te sera jamais demandé de penser tes dires, et l'utilité de pareils agissements n'est pas contestable. D'ailleurs, les gens d'esprit se doivent défier des médisants. Un médisant n'épargnant personne, il est présomptueux de se croire à l'abri de ses attaques sous le fallacieux prétexte qu'on a reçu un temps ses confidences. Enfin, je ne saurais trop te le répéter, n'écris rien qui ne puisse être lu de tout le monde. Que de gens se trouvèrent aux prises avec toutes sortes de difficultés pour des lettres oubliées, écrites en des heures d'épanchement, tout emplies de la fougue des jeunes années.

Outre le soin que tu devras apporter à devenir l'ami de tes camarades particulièrement doués et appelés à de brillantes destinées, il ne te faudra point négliger la culture des condisciples les plus cancres, les plus nuls, toutes les fois que leur situation de fortune les dispensera de posséder quelque autre valeur. Les imbéciles ayant une passion pour la louange, tu veilleras à la leur servir à haute dose. Ne crains point de courber l'échine devant ces êtres grotesques qui n'ont d'intelligent que leur or. Sois avec eux d'une politesse courtisane, fais-toi un peu leur valet de chambre dans l'espoir de quelque rémunération à longue échéance et à gros intérêts. Si tu les rencontres au vestiaire, aide-les à endosser leur pardessus, tiens leur serviette pendant le temps qu'ils se coiffent, présente-leur la canne ou le parapluie après qu'ils se seront lavé les mains. Quand tu chemineras avec eux, veille à les couvrir, s'il pleut, et ne t'attarde jamais à causer avec quelque autre camarade qu'il pourrait t'arriver de rencontrer en route, car ces gens-là ne savent pas attendre et te garderaient rancune d'une conversation de deux minutes pendant lesquelles ils auraient joué les Louis XIV. Dès que votre degré d'intimité le permettra, tu feras en sorte d'être reçu chez eux, d'être présenté aux membres de leur famille. Tout imbéciles qu'ils soient, ils ont souvent des sœurs ou des cousines fort jolies, spirituelles et convenablement dotées. Avec elles, tu te montreras empressé, galant, tu seras tout sourire et tout charme. Bien entendu, les mères, tantes, et généralement vieilles parentes des camarades dont [il] s'agit, seront de ta part l'objet d'une attention spéciale. On n'a le droit d'être grossier et mal poli avec les vieilles gens que dans les foules, dans les omnibus et dans les milieux anonymes. Chez les riches, les influents, les futures victimes de ton ambition éclairée, ce sont les douairières, les laides, sèches et vieilles personnes dont il te faudra surtout cultiver l'affection. On ne se fait pas idée de l'influence de tout ce qui est laid dans le monde. Si tu veux réussir, sache fasciner les êtres le plus déplaisants au double point de vue physique et moral. Telle jeune fille adorable de jeunesse et de grâce échouera en quelque entreprise diplomatique contre l'un de ces antiques tableaux ridés et plâtreux qui ornent nos salons parisiens. Sois donc bien persuadé que ton culte pour les vieilles dames te sera éminemment profitable. Mais il faut plaire aussi aux jeunes, et c'est ici que des talents nouveaux sont nécessaires : danser, pianoter, chanter et conduire un cotillon. Nous reviendrons sur ce sujet au chapitre du mariage.

Bien dirigées, tes adroites manœuvres à l'égard de tes camarades riches, co-étudiants des Pandectes ou de la philologie latine, t'auront facilité l'entrée de la société bourgeoise. Ce n'est point encore le noble faubourg, mais c'en est sûrement l'antichambre. Veille dès ce moment à étendre tes relations. Ne passe pas de semaine sans avoir fait quelque connaissance nouvelle, sans avoir récolté quelque invitation pour une soirée, un bal, voire un dîner. Le monde est un engrenage. Tâche d'y mettre adroitement la semelle, et tu y passeras tout entier.

XIII

MON JEUNE AMI, le souci de pénétrer dans le monde ne doit pas te faire oublier cette autre préoccupation : acquérir une situation sociale, gagner de l'argent. Malgré tes belles manières, tes talents de société, ton agréable physique et le charme de ta conversation, il te serait impossible de conquérir l'héritière espérée sans un semblant de situation. Il faut, bon gré, mal gré, te résigner à trouver place dans le catalogue ridicule des sociétés contemporaines et y figurer sous une rubrique quelconque. Vois les feuilles de recensement, les actes de l'état civil et toute la paperasserie légale ou privée. Chacun de nous s'y trouve inscrit avec des titres divers. On est charcutier, maçon, homme de lettres ou officier, comptable ou ministre, mais on a une profession. On ne conçoit point que quelqu'un puisse n'avoir point de profession : être dilettante, par exemple. Les souteneurs même, dans les rafles, se déclarent plombiers, fumistes ou bookmakers, tant il leur paraît impossible de s'avouer tout simplement les chevaliers servants d'une fille.

Quelle profession pourrais-tu bien choisir ? Celle-ci qui mène à tout : journaliste.

Tu essaieras tes premiers pas en quelqu'une de ces revues éphémères, riches d'espérance et pauvres d'argent où se coudoyent l'éternel jeune poète de cinquante-cinq ans et le potache en mal de rimes. Celui-ci admirera celui-là ; tu dédaigneras, toi, l'un et l'autre. Malgré l'accueil froid et bassement haineux du vieux jeune poète et la jalousie à peine dissimulée du collégien, tu seras reçu avec faveur, car la copie insérable est rare, et la tienne sera remarquée tout de suite si tu as suivi mes conseils relatifs au style et au fonds d'idées générales où il te faudra puiser. Tu donneras à cette revue deux ou trois articles, juste le temps de lier connaissance avec quelque rédacteur de magazine un peu coté. Il n'est pas rare, en effet, de trouver dans les réunions de jeunes des écrivains presque arrivés ; ou du moins en bonne voie. Ils viennent chercher en ces milieux des applaudissements faciles et de la poussière de gloire. Tu t'attacheras aussitôt à ceux-là, tu seras leur infatigable socius, leur ombre inlassable et fidèle. Ton habileté dans le discours, la conversation, ton art des périphrases, ta connaissance des crevasses du cerveau humain ; par où s'écoule la volonté sous le flot envahisseur de la flatterie ; tout cela te sera une aide efficace pour arriver à cette fin, grâce aux victimes de tes assiduités, dans les revues où l'on paye. Une fois au cœur de la place, ne remarque pas les dédains qui t'auront accueilli, sois aimable avec tous, sache par cœur des passages entiers d'œuvres de tes nouveaux confrères, et ne manque point de les leur réciter avec une admiration bien jouée. Tu seras tôt l'idole en ce milieu de gobeurs qu'on appelle les gens de lettres, où il suffit d'une louange habilement glissée pour faire naître des sympathies qu'on croit soi-même sincères.

Mais la revue n'est qu'un marchepied pour l'ascension des grands quotidiens. Ici, les difficultés augmentent en même temps que montent les convoitises. Les grands quotidiens sont des forteresses inexpugnables sans un savoir-faire particulier, une chance insolente et une audace de premier ordre. Je passe sous silence le talent qui n'est pas nécessaire.

Il y a deux façons d'entrer dans un quotidien :

La première est celle que j'ai moi-même employée quand, en 18…, j'ai donné mes curieux articles au *Gazetier*. Je fis irruption comme une trombe dans la salle de rédaction, et la canne haute, le chapeau sur la tête, l'air casseur, je demandai aux garçons : « Un Tel est là, n'est-ce pas ? » non pas : « Monsieur un tel », mais « Un tel » tout court, et, sans, attendre la réponse, je me dirigeai bravement vers le cabinet du rédacteur en chef. Là, pour la forme, un vague heurt de l'huis et nouvelle irruption, la main tendue, le rire aux lèvres. « Mon cher ami, comment allez-vous ? » Inutile de te dire que nous ne nous étions jamais vus. Chaleureux shake-hands, je me présente, m'autorisant d'une feinte entrevue en quelque soirée officielle ; une phrase savante lui donne à entendre que je ne suis pas le premier venu, et j'exhibe un article étonnant d'actualité, émaillé de révélations scandaleuses sur une personnalité bien connue alors, M. de X…, mort depuis. Ces détails, mon cher Catulle, je les tenais de la maîtresse même du personnage. L'intimité des femmes est toujours précieuse à ce point de vue.

Ma copie passait le lendemain. Le surlendemain, la direction du *Gazetier* recevait cinquante lettres de correspondants différents, les unes enthousiasmées, les autres remplies d'une sainte indignation. Dix menaçaient de se désabonner ; les quarante autres félicitaient sincèrement de leur audace en la circonstance le journal et son rédacteur. Ces missives me coûtaient 7 francs 50 d'affranchissement et des gratifications à mes nombreux copistes, mais me rapportaient un traité de mille francs par mois. Et ce fut plutôt une bonne affaire.

La seconde façon est celle de mon vieux camarade et ami P… Il avait une maîtresse fort jolie, blonde, grande, distinguée, séductrice en diable, avec des yeux vert d'eau, une poitrine superbe, une croupe d'un dessin!... et une peau, oh! cette peau!... Je la sais encore par cœur, bien que je l'aie perdue de vue depuis assez longtemps. Bref, P... avait une maîtresse charmante et qui fit souventes fois nos délices. Il entra au *Franc Journal* de la manière suivante : Ayant façonné de son mieux deux colonnes d'une copie destinée à magnifier la célèbre hétaïre du quartier du Roule, il glissa ladite prose ès doigts de sa délicieuse maîtresse et l'expédia vers le directeur du *Franc Journal* en lui disant : «Vaincs ou meurs.» Elle vainquit, naturellement. Le directeur du *Franc Journal* était ce fameux *** si renommé pour ses paillardes aventures. Elle vainquit et mon dévoué camarade P... entra au *Franc Journal*.

Je prônerais par-dessus tout ce dernier moyen s'il n'offrait à mes yeux le désavantage d'exiger une collaboratrice intelligente, d'une plastique impeccable et d'un dévouement sans bornes. Il y a pourtant un revers à cette médaille : c'est que parfois la maîtresse ne revient pas.

Et ce jour-là, tout est perdu, surtout l'honneur ! Enfin, ce qu'il importe de posséder en ces sortes d'affaires, c'est une perspicacité, un flair. Entre ces deux moyens, payer de sa personne ou de celle de sa femme, l'arriviste choisira le plus sûr, qui lui sera dicté par ce qu'il aura pu connaître des qualités ou des défauts du personnage à circonvenir. S'il est du Midi – et tout homme influent est généralement du Midi –, le premier moyen est le meilleur. S'il est du Nord, faites donner la garde, la plus jeune garde, la plus fraîche, la plus séduisante.

Peut-être existe-t-il une troisième méthode que j'ai vu employer avec succès par feu B... au *Tribun*. Elle consiste à se tenir en permanence toute la soirée dans la salle de rédaction ou le bureau du secrétaire, à offrir des bocks et des cigares à celui-ci, à se proposer gracieusement pour copier tel passage indécoupable d'un livre, pour condenser en quelques lignes la matière d'un long article ; à faire les courses, à présenter les femmes, à prêter un louis à l'un ou à l'autre. Un beau jour, sans trop savoir comment, on est du journal, on y émarge !

Je ne te dissimule point, mon cher Catulle, qu'il faut une ténacité, une volonté et une patience admirables pour devenir par ce moyen rédacteur d'un grand journal. Mais l'arriviste possède ces qualités à un tel état de condensation qu'il ne sera pas effrayé d'y recourir si la première ou la deuxième méthode venaient à lui faillir. D'ailleurs, toutes les difficultés ne seront pas aplanies par le fait même de son entrée au sacro-saint temple du puffisme contemporain. Il devra jouer des coudes pour gagner les premiers rangs et s'y maintenir. Je compte insister plus loin sur les manœuvres nécessaires.

Aie de la copie toute prête sur toutes sortes de sujets, pille sans vergogne le Larousse, la Grande Encyclopédie, le Dictionnaire de la Conversation et les auteurs oubliés et peu lus. Garde-toi pour le moment de la politique, attends une heure propice, ne va pas inconsidérément entrer dans un parti qu'il te deviendrait difficile de quitter plus tard. Prends exemple sur moi qui me suis décidé à soixante-cinq ans aux déclarations que tu sais, déclarations très nettes, malgré quelques hésitations au début, et qui firent de mon humble personne, du jour au lendemain, un homme politique de grande envergure, le défenseur des institutions, le représentant de l'âme française, le champion des idées de patrie, religion, État, le rempart de la propriété individuelle et de l'intégrité du territoire. Ah ! mon cher Catulle, ne te hâte point de pénétrer les arcanes de la politique, si tu n'as le souffle d'un grand orateur comme cet admirable Berryer, ou la casuistique de mon bon maître, le R. P. du Lac. Pourtant, je reconnais avoir trop attendu. Soixante-cinq ans, ce n'est pas un âge pour se sentir tout à coup inspiré, et on me l'a reproché souvent. Tiens, Catulle, commence à vingt-cinq ou trente ans, pas avant. On te traiterait de « petit jeune homme » si tu te lançais dans la mêlée furieuse sans avoir atteint l'âge de l'éligibilité parlementaire. Attends surtout cette heure propice où les passions se déchaînent en France. Il y a un déchaînement tous les dix ans.

Et mets-toi toujours du côté du manche – c'est-à-dire des foules.

XIV

S'IL EST BON D'ATTENDRE le moment voulu pour une fertile action politique, il ne te faudra pas négliger, avant cette époque, de t'affilier à des associations ou à des ligues qui puissent t'offrir, à l'heure même des intrigues, une base solide d'opérations. Comme il importe à l'arriviste que son nom soit répandu le plus possible, tu vois, mon cher Catulle, la marche à suivre pour obtenir promptement ce résultat. Étudiant, tu te feras recevoir membre de l'A. Tu travailleras patiemment l'esprit de tes jeunes collègues pour en obtenir d'être un jour du Comité, et, par là, te mettre en rapport avec toutes sortes de personnages officiels qu'il te sera utile de connaître et de fréquenter. Puis, sans t'occuper ouvertement de politique, fais-toi inscrire à quelque ligue bien-pensante. Je ne te conseille point la Ligue des Patriotes, trop bruyante ; encore moins la Ligue des Droits de l'Homme, fort mal vue au noble faubourg. Je ne puis, non plus, et pour d'autres causes, te vanter outre mesure la Ligue antisémite, malgré les amitiés précieuses que j'y possède, car on peut avoir des amis qu'on n'estime point. Mais toutes mes sympathies sont acquises à la Ligue de la Patrie française, et c'est à celle-ci que tu devras venir. Tu as pu constater par toi-même qu'elle ne faisait pas de politique. Tu sais aussi quelle influence j'exerce sur ses destinées, tu peux être assuré de toute ma sollicitude pour t'y faire une place digne de toi, de tes aspirations et de ton dévoué initiateur. Ne sois point franc-maçon, c'est passé de mode, et puis la sainte Église interdit absolument cette qualité à ses ouailles. D'ailleurs, les formalités d'initiation sont fort mal jugées par les plus éminents de mes collègues. On y exige un casier judiciaire vierge : ce qui est de nature à décourager beaucoup de nos amis.

Indépendamment de la Ligue de la Patrie française où tu acquerras très vite une situation prépondérante, il est tels cercles catholiques sur le registre desquels ton nom ferait le meilleur effet. Plus tard, grâce aux amitiés précieuses que tu auras su t'attacher, grâce à la situation brillante à laquelle tu seras parvenu, tu pourras aborder les grands cercles, les clubs les plus « select ». En attendant, ta ligne de conduite, dans cet ordre d'idées, se borne à ceci : répandre ton nom. Être de tout ce qui semble bien à la bonne société – j'entends celle qui a de l'argent. Il faut que ce nom de Catulle, lancé par hasard en quelque réunion, trouve un écho chez l'un (au moins) des auditeurs et qu'il réponde aussitôt : « Catulle, je le connais. »

Abonne-toi à deux ou trois des meilleurs journaux, et profite de ta situation d'abonné pour faire annoncer tes villégiatures quand tu vas passer deux jours à Dieppe. Dès que ta situation te le permettra, envoie ton offrande aux souscriptions ouvertes dans tes journaux à l'occasion de quelque catastrophe ou s'il s'agit d'élever un monument à la gloire des défenseurs de la religion et de la patrie. Ne va pas bêtement te servir de l'anonymat lorsque tu accompliras cette bonne action, mais aie soin que ton nom, correctement orthographié, figure aux côtés de ton envoi. L'insertion du nom a plus d'importance que l'expédition même de l'offrande. Puis, fais-toi inscrire en quelque annuaire de la société parisienne. Tu y gagneras de voir s'accroître ta correspondance en demandes diverses, en sollicitations, en réclames – qui grossiront tout de suite le tas de papiers destinés à l'allumage du fourneau. Et puis, qui sait ? un biographe se trouvera peut-être pour t'interroger dès maintenant sur tes œuvres et ta personnalité.

Tes œuvres – mon ami, il faut y songer. Tes études te permettront bien quelque livre de critique, indépendamment de tes articles dans les journaux et revues. Il te faut à tout prix devenir l'auteur d'un certain nombre de volumes. Or, qu'y a-t-il de plus facile que l'art du critique ? Tu sais combien j'ai réussi, et quelle maîtrise j'ai fini par acquérir dans ce genre d'acrobatie. Imite-moi. Attache-toi à quelque écrivain d'un siècle oublié, noble inconnu que t'auront révélé les catalogues de la Bibliothèque nationale. Découvre-lui des beautés cachées, un talent incomparable. Sacre-le précurseur, compile, pille, plaque, démarque en son pauvre labeur, et ton livre est fait. Ce livre sera suivi de plusieurs autres conçus dans le même esprit et fabriqués d'après les mêmes principes. La méthode est infaillible. Présente-toi chez le meilleur éditeur de ce genre d'ouvrages. Emploie, vis-à-vis de lui, le moyen qui t'aura réussi dans les salles de rédaction. Sois beau parleur, aie la modestie bien connue du paon, agite le spectre de ton importance et de tes multiples relations dans tous les mondes et l'affaire est faite. Alors, soigne ta prière d'insérer. Tout est là. Présente ton livre comme le chef-d'œuvre après lequel soupiraient les générations – tel le cerf altéré soupire après l'eau des fontaines –, le livre qu'avaient prédit les prophètes, le livre régénérateur, le livre-panacée des ennuis, le livre-extenseur des cerveaux, le livre, enfin, le livre !…

Et cours tout de suite dans les journaux. Ne quitte un confrère, que dis-je ? un ami (tout le monde est ton ami, n'est-ce pas, Catulle ?) qu'après la remise de ta petite note ès mains du prote. Puis, fais le tour des librairies. Veille à ce que ton bouquin figure honorablement à l'étalage. Déplace-le toi-même, s'il n'est pas situé selon ta convenance. Bien entendu, tu serreras la main de tous les vendeurs et les appelleras : « Mon cher ami. » Et quand tes moyens te le permettront, tu donneras un joli pourboire au plus ancien, avec des promesses de dîners si ton livre marche. Entre-temps, tu accueilleras chacune de tes connaissances par le sacramentel : « Vous avez lu mon bouquin ? » Infailliblement, l'interlocuteur exprimera son étonnement de ne l'avoir point reçu directement de toi, avec une dédicace. Tu t'excuseras, rejetant tout sur l'éditeur. Le tirage s'épuise, l'éditeur n'en veut plus donner un exemplaire, il faut se hâter de l'acquérir contre espèces sonnantes. Et tu assiégeras derechef les journaux pour en obtenir, coûte que coûte, l'insertion d'articles que tu auras écrits toi-même, pour célébrer plus exactement ton propre mérite. Quand les camarades se montreront exigeants, tu feras sagement [en sorte] de charger de tes intérêts ta maîtresse. Enfin, tu t'ingénieras à découvrir et exploiter tous moyens propres à répandre ta gloire par le monde. Toute personne un peu en vue devra recevoir un exemplaire de ton œuvre, accompagné d'une dédicace aimable. Tu lui feras une visite en personne, et ce sera le prétexte de relations ultérieures. Ne perds point de vue que chacun de tes soirs appartient au monde, mais qu'il en faut distraire un ou deux par semaine pour les réunions purement littéraires et artistiques. Ce premier livre te favorisera l'accès de sociétés à peu près interdites aux profanes. Tu y fréquenteras, outre la gent littéraire, des peintres, des sculpteurs, des musiciens. Ah ! cultive amoureusement la connaissance des artistes. Avant un an, si tu es habile, ton portrait huilé décorera les cimaises du salon. Ton buste, taillé dans le marbre réservé aux Cicérons et autres Romains célèbres, surmontera des colonnes de stuc. Ton nom s'étalera sur les mélodies les plus récentes, et tu auras l'air d'un Mécène échappé du siècle d'Auguste. Quelle gloire ! D'ailleurs, il ne messiérait pas que tu fisses toi-même quelque mélodie, une toile ou deux, et que tu donnasses à tort et à travers des coups d'ébauchoir dans une motte d'argile, pour montrer tes aptitudes diverses à tous les arts. Avec les livres que tu auras produits, les conférences dont tu te seras rendu coupable et tes succès de valseur, tu passeras à juste titre pour un garçon extrêmement remarquable, et tu pourras, sans une vanité excessive, ambitionner la noble distinction que confèrent les Palmes académiques.

Que veux-tu, mon pauvre Catulle, le mot est lâché. Il faut que tu sois officier d'Académie. C'est une formalité aussi nécessaire que l'inscription sur les listes électorales. Sois-le jeune, si tu veux éviter le ridicule. À vingt-cinq ans, il est permis d'arborer un fin ruban violet. À trente-cinq, cela devient grotesque. À cinquante, le porteur de Palmes devrait être puni de prison. Bien entendu, dès ton troisième livre, et bien avant que soient révolues les cinq années exigées par les décrets, tu demanderas la rosette. Je n'insiste pas sur les formalités à remplir : une bonne apostille en marge de la demande officielle étant le « Sésame, ouvre-toi ! » de la boîte aux décorations.

Ne recherche point les ordres étrangers qui donnent à leurs dignitaires des allures exotiques et les rendent suspects aux yeux de leurs fournisseurs et dans l'esprit même de leur concierge ; laisse aux gentilshommes campagnards le Mérite agricole, et réserve toutes les influences dont tu peux disposer pour l'obtention rapide de la Légion d'honneur. Mais, n'anticipons pas sur les événements à venir.

XV

Je ne t'ai point parlé jusqu'ici du service militaire que tout Français doit à sa patrie. N'ayant jamais, hélas ! porté cet uniforme brillant du soldat, il me serait difficile, assurément, de te documenter, par mon expérience personnelle, sur cette période séduisante de la vie, si la connaissance que j'ai de toutes choses, « *et quibusdam aliis* », ne me permettait ce léger tour de force. Non, Catulle, je n'ai pas été soldat. On me l'a d'ailleurs amèrement reproché. Cela ne saurait, au surplus, restreindre mon admiration pour notre vaillante armée et tout ce qui touche de près ou de loin à notre organisation militaire.

Je te conseillerais bien, parvenu à ta vingtième année, ces démarches qui permettent à un jeune homme intelligent comme toi, de se constituer un cas de réforme, mais je crois que, décidément, il vaut mieux que tu sois soldat. Tu seras donc soldat – un an – comme dispensé de l'art. 23.

Tu feras en sorte que tes relations te facilitent l'incorporation dans un régiment très voisin de Paris. Ne va pas bêtement dans l'Est, de Lérouville à Lunéville, pour y mourir d'ennui et perdre par l'éloignement des relations si difficilement acquises. Les premiers jours te sembleront pénibles, en raison de cette promiscuité inévitable avec toutes sortes de pauvres bougres d'une propreté souvent douteuse, malgré les théories que t'enseignera le *Livre du gradé*. Mais on se fait à tout. Ton odorat durement mis à l'épreuve ; ta vue offusquée par maints tableaux inesthétiques ; ton ouïe agacée par des bruits discordants, un langage grossier, obscène, défectueux ; ton goût perverti par une nourriture peut-être saine, mais à coup sûr peu délicate ; ton toucher atrophié par des contacts avec toutes sortes d'objets graisseux, empreints de cirage, de dégras et autres saletés ; tous tes sens, en un mot, auront à souffrir cruellement dans ces milieux chers à mon âme. Ne t'affecte pas outre mesure. Veille seulement sur ton intelligence qui pourrait s'affaiblir si tu n'y prenais garde, si par un travail cérébral nécessaire, tu n'essayais de réagir contre les effets pernicieux de l'ambiance. Tu comprends fort bien, mon cher ami, que des journées passées, soit à l'exercice, soit à la théorie, sous la direction immédiate de cabots ou de sous-officiers parlant un langage extra-grammatical ; que des soirs vécus en ces chambrées horriblement laides où, sous la lampe, quatre bourgerons jouent aux cartes tandis qu'un cinquième écrit à sa payse et qu'un sixième raconte sa dernière cuite et les hauts faits de l'adjudant ; que des échappées vers la cantine ou les cafés d'une ville de garnison en la compagnie inévitable du soldat de 1re classe Laflique, de Chapuzot ou autres intellectuels de cet acabit ; bref, que la vie militaire du soldat appelé est un merveilleux terrain de culture pour le bacille de l'abrutissement cérébral ; tu comprends tout cela, mon cher Catulle, et feras en sorte de te renfermer en toi-même et de forcer tes facultés brillantes à une gymnastique raisonnée.

Quant à l'attitude à observer extérieurement, elle est bien simple. Ne sois point familier avec tous ceux que tu sentiras paysans, rustres, gens de rien. Leur respect pour toi croîtra en raison directe de ton mépris. Tu n'as plus à craindre les brimades, ni même les plus innocentes plaisanteries, car les jeunes soldats sont maintenant traités avec les égards qu'on rendait – il y a dix ans encore – aux anciens. Les corvées à peu près abolies durant les premiers mois de l'incorporation, il te sera facile de les éviter pendant tout le temps de ton service si tu travailles au bureau du chef. Puis, en ta qualité d'élève caporal, et grâce à de multiples recommandations pour tous les officiers, tu seras vite soustrait aux obligations pénibles du métier. Quelques libations offertes à ton ancien, ton chef de chambrée, ton caporal d'escouade, ton sergent de section et ton fourrier t'aplaniront les difficultés réservées aux seuls pauvres bougres. Ta mémoire si parfaitement cultivée te permettra d'emmagasiner tout de suite les sages enseignements de la théorie, depuis :

« La discipline, faisant la force principale des armées... » jusqu'où il plaira au temps et à la nouvelle circulaire ministérielle de te conduire. Or, on n'a d'yeux au régiment que pour le parfait récitateur de théorie.

Donc, tu seras bientôt l'heureux et fréquent permissionnaire autorisé par les règlements en vigueur. Que veux-tu de plus ? Ton éducation te fera promptement remarquer de ton officier de peloton, et tu ne mériterais point le titre d'arriviste si tu ne savais mettre à profit tes dons naturels, ton art des convenances, tes talents de société pour parvenir jusqu'aux petites soirées du colonel. Un soldat capable d'accompagner au piano les demoiselles de son chef de corps, et d'organiser les sauteries chères à la province, est assuré d'avance de toutes les sympathies militaires. On te pleurera, Catulle, à ton départ du régiment. Mais ton titre vite acquis d'officier de réserve – tu dois le devenir sous peine de déchoir – te fournira l'occasion de renouer les relations ainsi faites. Un pied dans le monde de la bourgeoisie, un pied dans le monde militaire, que te manque-t-il ?

XVI

TE VOILÀ DONC, tout jeune, parvenu à des sommets fort enviables. Officier de réserve – et d'Académie –, président de quelque association, membre d'un cercle, adhérent à la Patrie française, auteur de deux ou trois ouvrages estimés, rédacteur d'un grand journal, en somme, et pour me servir d'une expression chère au peuple : « Garçon d'avenir. » Il te faut maintenant la fortune : Marie-toi.

Platon ne veut pas qu'on se marie avant trente ans, Aristote, trente-sept ; quant à Thalès, il trouve que, jeune, il n'est pas encore temps, et que, « devenu sur l'âge », il n'est plus temps. Laissons ces auteurs, qui n'ont en vue que le bonheur dans le mariage, ratiociner tout à leur aise et apprécions, mon cher élève, les bienfaits d'une union contractée de bonne heure, si elle apporte la fortune à celui qui n'a rien, comme toi.

Puisque tu ne saurais te marier par amour, soucieux du proverbe espagnol :

Quien se casa por amores,
Ha de vivir con dolores

tu n'auras donc à considérer, dans le choix de ta future épouse, que ces trois qualités : qu'elle soit riche, ambitieuse et d'un physique agréable.

La recherche de la première, la plus importante, t'attirera le mépris des philosophes, mais il t'importe peu. Schopenhauer te reprochera de vivre plus dans l'individu que dans l'espèce – or, périsse l'espèce plutôt qu'une de nos joies ! Il reste bien entendu que l'arrivisme n'est pas une théorie pour tous, mais seulement pour quelques-uns. Il y aura toujours assez de pauvres diables pour travailler dans l'intérêt de l'espèce.

La seconde des qualités requises chez ta fiancée : l'ambition, est d'une importance qu'il ne faut pas se dissimuler. Une femme ambitieuse ne s'élève que par son mari, jamais par elle-même. Pour être la femme d'un ministre, d'un haut personnage, elle sera capable de tout, même d'infidélités conjugales, et, chose curieuse, dans l'intérêt même de son époux. Une femme ambitieuse sera pour toi un puissant et inlassable ressort, une source de chaleur jamais éteinte, le fouet excitateur des affaissements cérébraux, des énergies tombantes. Elle ne te laissera point de repos dans l'ascension du pouvoir, de l'autorité morale et de la gloire, que tu ne sois installé au sommet. Seul, tu aurais à craindre un jour la fatigue de la volonté, le terrible « à quoi bon ? » que nos lâchetés nous dictent, le « laissons faire » que nous conseille notre paresse et que nous aurions à payer plus tard. La compagnie d'une femme ambitieuse saura aiguillonner, s'il le faut, tes nonchalants vouloirs. Laisse-lui toute liberté d'allures quand il lui prendra la fantaisie de pousser à la roue de la fortune et n'aie point – sous quelque prétexte que ce soit – de querelle avec ses amants.

Tâche aussi que sa richesse et son ambition s'allient à un physique agréable, à défaut de beauté vraie. Tu pourras ainsi bénéficier de la cour qui lui sera faite et ta vanité, d'ailleurs, en sera flattée. Et puis, comme il te faudra sans doute parfois hanter sa couche, le souci des devoirs conjugaux te deviendra plaisir.

Telle doit être ton épouse, ô Catulle, si tu veux mériter ce nom délicieux d'arriviste et prendre rang parmi les plus notoires, à ma suite, et dans le sillon que je t'aurai tracé.

Mais pour la conquérir, sache employer toutes les ressources de ton fertile et brillant esprit. Sois assidu près des vieilles dames en ces soirées mondaines où tu t'ennuierais à mourir – n'était la joie intérieure que tu éprouves à rouler tes contemporains – ; mets à nu ton âme aimante et bonne, assoiffée d'idéal, triste de sa solitude et si désireuse de trouver l'âme sœur, la compagne, l'élue !... Ne va pas rire surtout en déclamant ces choses. Et les bonnes vieilles dames se diront tout à coup, comme frappées par quelque découverte géniale : « nous allons le marier », et elles te trouveront une Rosalie, une Lucinde ou une Agnès qui leur semblera digne de partager ton sort. Bien entendu, je ne te suppose pas la naïveté de choisir pour confidentes parmi ces vieilles dames, celles qui auraient six filles à marier. T'échapper de leurs mains serait presque impossible, et que ferais-tu d'une fille apportant un sixième de dot ? En ce genre d'affaires, il est bon d'éviter les propositions directes, et d'utiliser, au contraire, les confidentes et les entremetteuses. J'omets à dessein de te parler des agences matrimoniales et des annonces, agréables euphémismes des expressions décriées « escroquerie » et « chantage ».

Stendhal a écrit quelque part : « Une mère, en province, ne rencontre jamais un homme jeune ou noble sans voir en lui un mari pour sa fille. » Ce qu'il dit des mères provinciales est également vrai des parisiennes. Aussi devras-tu te tenir sur tes gardes dans tes rapports avec elles, toutes les fois que leur situation de fortune ne répondra pas à tes désirs. Te marier inconsidérément serait la plus lourde des sottises. Mais si le hasard te met en présence de cette mère qu'ont appelée tes vœux, de qui la fille bien dotée, ambitieuse et agréable semble la proie tout indiquée pour tes aspirations arrivistes, n'hésite point. Empare-toi de l'esprit de cette mère qu'il s'agit de séduire, qu'il importe de captiver – bien avant sa tendre progéniture. Car, semblables au « Malade » de Molière, les mères font la distinction entre donner un mari à leur fille et se choisir un gendre. Sois donc d'abord le gendre élu, plutôt que le mari rêvé de la chère enfant. Et, s'il y a un père, ma foi, il n'est pas mauvais non plus d'en faire un avocat pour ta cause. Ces deux places enlevées, la fille t'appartient.

Pourtant, il n'est peut-être pas inutile d'essayer sur elle quelques séductions. Le monde va si mal, ce jeune siècle est déjà si profondément taré, que des demoiselles se rencontrent – élevées aux Oiseaux – qui prétendent n'épouser que le mari de leur choix ! Ah ! ce temps où les parents seuls s'arrogeaient le droit de choisir l'époux qui convenait à leur fille ! Je te le dis, Catulle, tout va de mal en pis. Enfin, pour sacrifier au goût du jour, pour donner quelques gages aux aspirations d'une vierge ambitieuse, tu sortiras tous tes sourires, tu friseras ton cœur au petit fer, tu noueras de faveurs mauves tes sentiments. Ne joue pas les Werther, si ta bien-aimée a la passion des affaires de Bourse et un amour désordonné pour l'industrie métallurgique. Ne va pas l'entretenir de la question du French Shore si elle a passé sa journée à relire *Jocelyn*. Surtout ne discute jamais sérieusement avec elle et si une controverse devenait obligatoire, cède-lui tout de suite. En quoi cela t'importe-t-il qu'elle croie aux songes, par exemple ? Tu es près d'elle pour lui faire ta cour, n'est-ce pas ? Eh ! bien, approuve-la, feins aussi d'y croire, raconte toi-même tes rêves, invente des avertissements célestes et ne commets pas l'invraisemblable gaffe de dire que tu as rêvé d'elle, ajoutant aussitôt que c'était un cauchemar. Puis, complimente-la toujours sur sa beauté, n'en eût-elle point. Les plus laides ne peuvent s'avouer leur laideur et sont heureuses d'un compliment qu'elles imaginent sincère. Insiste surtout auprès de celles qui t'auront préalablement déclaré qu'elles détestent la flatterie. C'est toujours l'expression voilée d'un profond désir de louange. Si les femmes possédaient le génie ou, tout au moins, une supériorité réelle, une haute intellectualité, elles traiteraient les courtisans comme ils le méritent, avec le mépris le plus marqué. Mais, ce « sexus sequior » des anciens, malgré les prétentions féministes actuelles, n'ayant pu produire dans le monde entier un seul esprit véritablement grand, il semble bien que l'expérience est faite et qu'il n'y ait rien à attendre de la femme, hormis l'amour et la beauté. Les exceptions – il y en a – n'infirment point la règle. Aussi, considéreras-tu les femmes comme des enfants qu'il faut cajoler, caresser et flatter. Le compliment, c'est la glu qui les prendra toutes. Plus elles seront intelligentes et instruites, plus tu devras apporter de finesse et de subtilité dans le choix de tes habiles mensonges. Une observation de quelques jours, des confidences d'amis t'ayant éclairé sur le caractère de celle que tu convoites, prends aussitôt les apparences du personnage à jouer. Sois audacieux avec les timides, réservé avec les conquérantes. Laisse à la femme qui veut dominer l'illusion que tu serais heureux d'être sa victime. Bien entendu, tes aspirations, tes goûts, seront les siens. Tu te découvriras soudain une tendresse pour Le Franc de Pompignan, s'il plaît à ton ingénue d'admirer les productions de cette remarquable nullité. (J'ose espérer que la conversation venant à s'égarer sur mes vers, tu te trouveras d'accord avec elle pour vanter mon mérite et mon puissant génie.)

En musique, ne va pas défendre Bach que, sans doute, elle n'aura su apprécier, mais il y a cent à parier contre un que *Faust* sera pour elle le chef-d'œuvre du théâtre passé, présent et futur. Pourquoi la contrarier ? Et si, par hasard, elle était wagnérienne, flatte sa manie sans toutefois la pousser dans ses derniers retranchements, car tu aurais peut-être la déconvenue de t'apercevoir que ce soupçon d'intelligence hautement artistique chez ton interlocutrice était du pur snobisme, et que son admiration pour Wagner n'allait pas jusqu'à comprendre autre chose dans la *Walkyrie* que la célèbre chevauchée.

En peinture, qu'est-ce que cela peut bien te faire qu'elle admire Bonnat ? En sculpture, qu'elle déclare Rodin un raseur ? Que t'importe qu'elle juge la tour Eiffel une ordure, pour ne pas paraître partager l'opinion des provinciales ? Tu auras soin de vanter les merveilleux christs du premier, de t'esclaffer sur le *Balzac* du second et d'exalter la laideur des trois cents mètres de fer battu qu'on a entassés au Champ-de-Mars. Puis, comme les jeunes filles du meilleur monde croient indispensable d'émettre une ou deux opinions relatives à la politique étrangère, il est plus que probable que tu auras à renchérir sur la duplicité des Anglais, l'ennemi héréditaire ! – joli thème pour ceux qui n'ont lu qu'à moitié l'histoire –, la bravoure des Espagnols et la coquinerie des Chinois.

En politique intérieure, si le hasard voulait que tu fusses amené à une déclaration inévitable, sois de l'opinion des parents. Il est rare que, dans ces classes privilégiées où tu essaieras de pêcher une héritière, les idées politiques s'écartent beaucoup, dans leurs plus vives teintes, du républicanisme libéral. Sonde habilement ton futur beau-père et monte à son bord. Je n'ai malheureusement pas le mérite d'un tel conseil qui m'a été donné, voici déjà longtemps, par le Révérend Père C… de la Compagnie de Jésus.

Si je t'ai engagé à adopter l'opinion des parents, c'est que je ne puis supposer à l'élue de ton cœur l'outrecuidance d'avoir une opinion personnelle. Élevée au couvent, puis au foyer familial où ne pénètre que le journal bien-pensant, comment voudrais-tu qu'elle se fût affranchie des influences éducatrices ? Il lui faudrait des aptitudes raisonnantes que l'éducation dogmatique ne contribue pas à développer.

Enfin, si la présence des futurs beaux-parents t'obligeait à l'étalage de quelques théories philosophiques, ne va pas inconsidérément te réclamer de Nietzsche et de son œuvre. Proteste hautement de ton amour pour cette morale que le philosophe de Weimar a quelque peu malmenée dans *Jenseits von Gut und Böse, Der Antichrist* et *Zur Généalogie der Moral.* Incline-toi devant Joseph de Maistre, le vicomte de Bonald, l'ineffable Cousin et cet exquis Lamennais qui condamne la raison individuelle. Si tu parles de Darwin, renie-le ; il y a gros à parier que la famille où tu veux entrer se considérerait comme humiliée d'avoir eu pour ancêtres des singes. Que t'importe, encore une fois, qu'ils se croient les fils d'Adam et d'Ève, si cela leur fait plaisir à ces bourgeois ? Ils ont une fille, n'est-ce pas ? Gentille, ambitieuse et largement dotée. Eh ! bien, voilà une preuve qu'ils ne sont pas tout à fait inintelligents. Tu peux leur passer beaucoup de choses sur le chapitre de la philosophie et des sciences.

Et si par hasard il advenait que le père fût voltairien, méfie-toi. Ni la mère, ni la fille ne partageraient sa façon de voir. Elles hanteraient l'église et seraient confites en piété. Or donc, mon cher Catulle, il serait préférable dans ce cas, de passer pour un niais aux yeux du père et de ménager à tout prix les susceptibilités, les croyances et les préjugés des deux dévotes.

Enfin, si la religion les laissait indifférentes et froides, contente-toi de leur parler de la loi morale, du bien pour l'amour du bien. Garde-toi de citer Montaigne qui, au chapitre XIX des *Essais*, déclare que « en la vertu mesme, le dernier but de nostre visée, c'est la volupté ».

Bref, après que tu auras soigneusement déplié toutes ces belles et saines doctrines sur la philosophie, les arts et la morale, les braves gens s'imagineront connaître le fond de ton âme. Douce illusion, dont l'évocation seule te réveillera parfois la nuit et te secouera de joyeux et inextinguibles rires.

XVII

Je te l'ai dit, Catulle, dans cette grande et grave affaire du mariage qui te doit apporter enfin la fortune tant convoitée, tout au moins l'aisance et l'espoir d'héritages subséquents, il importe que tu supplées à l'insuffisance de ta bourse par ce que l'on est convenu d'appeler une situation. Avoir une situation, c'est être par exemple avocat – alors même que l'on n'aurait jamais plaidé une cause ni gagné un penny par sa propre éloquence – ou publiciste en renom, ou homme de lettres, ou fonctionnaire. Tu feras bien, outre cette situation acquise, d'insister dans tes entretiens avec ta future famille sur tes relations brillantes et distinguées. Le procédé est simple et à la portée de tous.

Il consiste uniquement en cette manière de parler spéciale qui fait de chaque personnage illustre ton ami. Ainsi, la conversation venant à tomber sur M. de Vogué ou mon bon camarade, M. Arthur Meyer, tu t'exprimeras comme suit : « Il me demanda : Mon cher ami, voulez-vous prendre une tasse de thé ? et je lui répondis : Bien volontiers, cher ami, bien volontiers. » À la lecture, ceci te paraîtra idiot, mais tu verras, Catulle, tu verras, dans un salon, l'effet produit ! Tâche surtout de tirer parti des relations que tu n'as pas. Garde constamment en portefeuille des cartes de visite d'hommes célèbres que tu pourras à l'occasion exhiber d'un air indifférent. Tu sais le moyen de les obtenir ? À chaque nouvel an, ou à l'occasion d'un événement mondain, politique ou littéraire, tu adresseras ta carte avec félicitations – ou condoléances – au personnage en cause. Fusses-tu le plus ignoré des Français de France, ledit personnage te répondra par l'envoi de sa carte, avec ou sans autographe. Et tu posséderas ainsi, et à peu de frais, une jolie collection de bristols pour l'ahurissement de ta future famille.

Entre-temps, tu auras soin de convier ces victimes de tes séductions : l'héritière et ses parents, aux conférences que tu feras à la Bodinière, aux Mathurins ou en quelque autre petite salle fréquentée par la bonne société. Tu y parleras de tout, mais surtout des femmes. Tu y développeras en phrases charmantes, onctueuses, parfumées, des théories toutes nouvelles sur la chevelure, l'art de se peigner, de se faire les cils, de se rougir les lèvres. Ou bien, tu feras entendre quelques mélodies d'un illustre amateur et tu les commenteras savamment. Tu en diras tout le bien qu'on en doit penser, omettant de mentionner naturellement, au sujet de ces mélodies, que l'illustre amateur paya cinquante francs à quelque famélique fils d'Euterpe le droit de s'en déclarer l'auteur. Ou bien encore, tu exposeras avec esprit l'état de quelque question à l'ordre du jour ; tu raconteras, pour ceux qui n'ont pas le temps de lire ou qui peut-être ne savent pas lire, le sujet du dernier roman à la mode, et tu tireras de l'œuvre ainsi torturée des conclusions inattendues. Que je sois pendu, Catulle, si ta belle-mère en perspective ne te saute au cou à l'issue de ces conférences, et ne te veuille sur-le-champ faire épouser sa fille, dans la crainte d'un revirement de tes résolutions.

Et s'il advenait que cette cinquième roue d'un char qu'on nomme le père de famille exigeait que tu fusses fonctionnaire, ah ! Catulle, les étroites relations unissant les plus assidues de tes auditrices au distingué ministre de ce temps-là, t'auraient vite obtenu le poste de bibliothécaire d'un édifice public, en attendant mieux.

Et quand sera pris date, enfin, pour la célébration de ton mariage, déploie toutes les ressources de ton esprit à te choisir des témoins marquants et des invités de choix. Fais à la presse une large place, afin de t'assurer de brillants comptes-rendus. Il est du meilleur ton de n'accorder aucune importance aux formalités légales et, entre deux courses, d'entrer à la mairie pour se marier, sans pompe, ainsi qu'à un rendez-vous d'affaires. Puis, trois jours après, parmi les fleurs, les encens, les jeux de fonds, aura lieu la vraie cérémonie, la seule, celle qui se fait à l'église, sous l'œil bienveillant du haut clergé. Pour quelques louis, si ton confesseur y a songé à temps, tu pourras recevoir par courrier la bénédiction papale. Je t'engage à surveiller préalablement toi-même l'établissement du programme. *La Marche* de Mendelssohn, pour commencer. Puis, après le discours du prêtre (je suppose que tu auras trouvé pour cet office, quelque éloquent dominicain, ou même un évêque « *in partibus* »), le *Pater* de Niedermeyer, puis le *Panis* de César Franck à l'Élévation, puis quelque fragment d'orchestre, l'*Agnus* de Pugno, et enfin le *Tolite Hostias* de Saint-Saëns. Tes relations – je t'ai déjà, s'il m'en souvient, recommandé de cultiver les artistes – auront groupé autour de toi les chanteurs le plus en renom de l'Opéra et de l'Opéra-Comique. Sous la direction d'un maître de chapelle habile, des masses chorales et orchestrales triées sur le volet, tu auras une exécution remarquable. Je te le dis, Catulle, ce sera un grand jour. Le discours sacré rappellera l'élévation de ta naissance – ce que tu ne seras point fâché d'apprendre –, tes mérites, ta situation brillante et distinguée, les sentiments si profondément chrétiens qui t'animent. On te félicitera de ce que tu ne partages pas les antiques erreurs et superstitions (!) et que tu crois en Dieu et en la sainte Église romaine. Les paroles adressées à ta femme mériteront aussi de fixer l'attention générale. « Mademoiselle, dira l'homme de Dieu à cette épouse vieille de trois jours, Mademoiselle, vous appartenez à une famille qui, que… » et toutes les vertus de tes beaux-parents y passeront. Ce sera touchant.

Lors du défilé, à la sacristie, aie pour chaque assistant un sourire, un remerciement et une parole flatteuse. Tout le reste du jour, au dîner, au bal, accable ta femme de prévenances attentionnées. Aie l'œil humide en embrassant tes beaux-parents et couve des yeux leur chère fille, ta légitime épouse. Couve-la de regards de tendresse afin que chacun dise de toi : « Ce Catulle est fou de sa femme. Ah ! comme il l'aime ! »

Enfin, quand viendra l'heure des amoureuses solitudes, il serait tout à fait préjudiciable à ton avenir de te dérober, dès le premier soir. Même si quelque trait déplaisant, ou quelque imperfection physique chez ta femme, annihilait ton désir, il faudrait te faire violence pour l'accomplissement de tes devoirs. Cette jeune fille est une traite à laquelle tu as promis de souscrire et qu'il te faut signer. Signe-la. Évoque au besoin les érotiques figures de Fragonard ou le séduisant marbre de Cléo, mais signe-la. Et d'ailleurs, la nuit faite sur sa nudité chaste la fera ressembler à toutes celles qui t'inspirèrent autrefois des ardeurs. Crois-moi, quelque bonne volonté au début te fera prendre plaisir à ce jeu et tu ne lui ménageras point les embrassements.

Mais pour tout le reste, une fois passés ces jours de ravissement qui t'auront épuisé toute ta provision de sourires, rappelle-toi bien vite l'enseignement de Schopenhauer : « La femme est un animal qu'il faut battre, bien nourrir et enfermer. »

XVIII

J'ai maintenant terminé la plus difficile partie de ma tâche. Et je te laisserais jouir en paix de la fortune de ta femme, si je ne chérissais pour toi cette ambition de t'élever plus haut, toujours plus haut. L'arriviste digne de ce nom ne doit point s'arrêter en si beau chemin, mais courir vers les cimes pour s'y dresser dans des auréoles et de la gloire.

Le moment est venu pour toi, Catulle, de franchir le seuil de ces grands cercles ou clubs dont je t'ai déjà parlé. Tes beaux-parents et leurs relations sont la dorure qui manquait à tes armes. Désormais tu appartiens à cette classe vers laquelle te poussaient tes ambitieux songes : les dirigeants.

Aussi tes apparences extérieures vont-elles subir un changement complet et radical. Pare-toi de quelque orgueil et de quelque suffisance dans tes rapports avec les humbles. Retiens les solliciteurs en tes antichambres lors même qu'il te faudrait bayer d'ennui plus de dix minutes avant de les recevoir. Pourtant, ne leur marque point ton mépris, chacun d'eux étant susceptible de te refuser un jour son bulletin de vote. Il est très possible d'allier l'orgueil et la fausse bonhomie, orgueil pour dire : « Je suis quelqu'un » et bonhomie pour en corriger la rigueur par un « Mais, je suis tout de même un brave et gentil garçon ».

Montre-toi donc le protecteur de tous, et cela, dans le sens que je t'indique. Tu ne refuseras jamais la recommandation qui te sera demandée, ni les démarches auprès des pouvoirs publics ou des personnages influents, ni rien de ce que l'on sollicitera de toi – sauf de l'argent, bien entendu – mais, promettant tout, tu te garderas de rien tenir. Ton âme n'est pas assez naïve pour imaginer que tu pourrais impunément dépenser ton crédit au profit des quémandeurs et des misérables. Que t'importent les misérables ? Pourquoi le sont-ils ? Ils n'avaient qu'à faire comme toi.

Pardonne-moi, Catulle, j'allais discourir, oubliant que la moindre insistance à ce sujet serait t'offenser gravement. Je ne t'ai pas en vain inculqué le sage précepte de la concentration sur toi-même de toutes tes facultés affectives, et je ne puis te soupçonner de n'avoir pas compris.

Veille dès maintenant à te créer un noyau d'admirateurs « quand même » qui répandent par le monde le renom de ta grandeur et de tes vertus. Ce seront des faméliques à qui de temps en temps tu accorderas un repas, ou des rêveurs qu'aura séduits ta femme, ou des sous-arrivistes désireux de grimper dans ton ombre. Laisse entrevoir aux uns et aux autres que tu sauras, en cas de réussite, récompenser généreusement leurs efforts ; qu'ils seront tes lieutenants au jour du triomphe et plus tard – qui sait ? – les exécuteurs testamentaires de tes dernières volontés. Quoique très jeune, tu peux déjà jouer du testament, parler finement des surprises qui attendront tes « vrais » amis, insiste sur ce mot qui leur donnera l'illusion d'avoir été pris pour d'autres.

Puis, profite de la nouvelle situation que t'a créée ton mariage pour devenir philanthrope. La philanthropie, ah ! Catulle, est l'un des métiers les plus distingués qui soient. S'intéresser aux petits, aux souffreteux, aux misérables, aux femmes enceintes, aux relégués, aux employés d'octroi, aux combattants de Buzenval, aux filles mères, aux invalides du travail, aux anciens ministres, aux gardiens de squares, aux propriétaires malheureux, aux bébés jumeaux, à la classe ouvrière, au patronat, aux grévistes, aux travailleurs, aux pauvres, aux riches, aux malades, aux bien portants, s'intéresser à tous, Catulle, à tous, sauf à soi-même. Quel rôle ! C'est grand, c'est beau, c'est noble – et ça rapporte. Te souvient-il des campagnes que j'ai faites dans la presse pour l'œuvre si intéressante des « pendus miraculeusement sauvés » ? Te dire les enthousiasmes déchaînés par mon heureuse intervention serait presque impossible. Et je reçus de personnes anonymes des sommes diverses qu'une émission de valeurs à lots justement opportune me permit de placer à des conditions avantageuses pour l'œuvre et pour moi-même. On ne saurait croire quelles réserves de charité, de bons sentiments, de vouloirs secourables sont en l'âme des foules ! L'art du philanthrope consiste à les canaliser, et à recevoir modestement l'hommage dû à tant d'efforts obscurs. Il est le phare qui luit de toutes ces énergies accumulées.

Sois philanthrope, Catulle, puisque ta nature et ton éducation t'auront donné comme à moi, les qualités maîtresses nécessaires à l'exercice de cette profession distinguée. En effet, mon cher ami, le parfait philanthrope doit cultiver un égoïsme intransigeant, autrement il se ruinerait vite en charités diverses, souffrirait du malheur de ceux qu'il veut secourir, deviendrait par là même l'intéressante victime toute désignée à la sollicitude d'un autre philanthrope. Au contraire, cuirassé d'égoïsme et indifférent aux maux d'autrui, il peut agir au mieux des intérêts qu'il représente. Sois philanthrope. La foule clamera : « Ce Catulle, quel[le] grande âme, quel dévouement ! » Les protégés diront : « Que deviendrions-nous sans lui ? » Et comme cette réputation ne t'aura pas coûté un centime, mais bien plutôt rapporté de fortes sommes en copie ou en livres, tu conçois clairement l'excellence de l'opération. La philanthropie, vois-tu, est la seule entreprise ne comportant pas d'aléas. Nulle mise de fonds, rien à perdre, tout à gagner. Car la non-réussite d'un appel serait encore pour toi un placement avantageux. De nobles penseurs exalteraient ton effort, en gémissant sur la dureté de cœur des humains. Sois philanthrope. Puis, occupe-toi aussi des animaux, des arbres, des vieux tas de pierres, des logements insalubres, des eaux potables, des assurances contre la neige et le bris des verres de lampes. Sois la mouche de tous les coches qui passeront à ta portée. Préside aux harmonieux ébats des sociétés orphéoniques et encourage de ta présence estimée les flonflons des fanfares bruyantes. Ne peux-tu distribuer des prix aux adultes assidus des cours du soir, aux jeunes filles habiles dans l'art des fleurs et plumes, aux adolescents exercés à la pratique des vertus militaires ? Ah ! mon ami, sois partout où l'on n'aura pas besoin de toi.

Une guerre éclate-t-elle entre deux peuples qui ont des intérêts à régler ? Attends quelques jours pour voir où iront les sympathies de la foule, puis résous-toi brusquement. Prends fait et cause pour celui des deux peuples qui réunira ces sympathies, annonce brillamment que tu veilles sur ses destinées, qu'il ne périra pas, que tu vas lever une armée, l'équiper, voler à son secours. Et puis, endors-toi et parle d'autre chose. Aie de temps en temps un beau cri pour rappeler tes promesses, et fais le mort. Tu seras un grand homme, tu seras mûr pour une féconde action politique. Te souvient-il, Catulle, de mon attitude dans la guerre hispano-américaine ? Je savais bien que la catholique Espagne, la patrie des corridas et des inquisiteurs est un pays de bourreaux, qu'importe ? J'ai pris sa défense. La guerre de Chine ? Mon Dieu, je n'ignorais point le rôle de nos excellents missionnaires et le tort fait aux Chinois par nos civilisateurs à outrance dans la conquête d'un peuple qui prétendait les rejeter ; j'ai tonitrué contre la Chine et ces infâmes Boxers assez hardis pour vouloir être maîtres chez eux. La France aux Français, oui, tant qu'on voudra, la Chine aux Chinois, jamais ! Si j'avais le temps de relire tous ces articles que m'inspira le conflit sino-européen, ma belle âme tressaillirait de joie aux claironnantes périodes dont ils sont parsemés. Ah ! les beaux articles, la bonne copie, le joyeux argent !

Et les Boers ? Catulle, as-tu lu mes plaidoyers en faveur des Boers, mes philippiques contre les Anglais ? Dans le fond, je me soucie des Boers autant que de la fidélité des femmes ; ils ont rompu les termes de la convention de 1884, ils auraient mauvaise grâce à se plaindre d'une guerre qu'ils ont cherchée, déclarée et voulue. Mais cela fait si bien de paraître chevaleresque et c'est si conforme aux vieilles traditions françaises ! Il me semble que si j'avais vécu au temps des croisades, je serais peut-être parti en guerre contre les infidèles. Oui, Catulle, j'ai parfois des velléités belliqueuses – dans mes livres. À bien réfléchir, il me semble préférable de rester au coin de mon feu, à soigner mes chats et mes petites infirmités.

Ne perds jamais de vue, mon cher ami, que l'actualité doit devenir pour toi une source de revenus et d'honneurs. L'arriviste est avant tout un être actuel. Tout événement lui peut servir de piédestal pour des déclamations intéressées.

L'affabilité doucereuse de tes manières ne te fera pas oublier, mon cher Catulle, qu'un gentleman doit demeurer vétilleux et intraitable sur le point d'honneur. Comme tu seras de première force à l'épée et au pistolet, ne crains pas, le jour où tu te trouverais engagé dans une vilaine affaire, et à bout d'arguments, de traiter ton contradicteur de « chenapan ». L'épithète de « royal menteur » n'est pas mauvaise non plus, mais elle ne peut s'adresser à tout le monde. Enfin, tu iras sur le terrain. Dans la garde, tiens le bras à demi tendu et horizontal, la main très en supination, pour être ainsi à l'abri d'une attaque directe. Tire souvent dans la ligne basse. Ma foi, si tu te trouvais en trop mauvaise posture, saisis carrément de la main gauche l'épée de ton adversaire et invoque pour ta défense le prétexte d'un accès épileptiforme de névrite. Au pistolet, comme tu n'auras pas le temps de viser, tire les yeux fermés. C'est encore le moyen le plus sûr pour ne pas atteindre les témoins. Après le duel, serre la main de ton adversaire, ce chenapan devenu ainsi tout à coup, à tes yeux, le plus parfait des gentilshommes. Aie grand soin qu'une publicité considérable soit donnée à ce duel qui, au fond, n'a pas d'autre raison d'être. Choisis pour témoins des personnages connus, très arrivistes, et laisse-les faire. Quelle gloire si, des pourparlers engagés, pouvait sortir un duel ou deux entre tes seconds et ceux de ton adversaire !

Catulle, je veux encore, en ce chapitre à bâtons rompus, t'entretenir des quelques moyens propres à t'élever un peu plus dans les hauteurs où déjà tu planes, si loin des obscurs bas-fonds qui te virent naître.

Il faut d'abord, mon ami, trouver un prétexte au ruban rouge et à l'habit vert de l'Institut.

Ce prétexte, le voici. Sollicite d'être envoyé en mission. Où ? Il n'importe. Mais obtiens cette mission. Par tes relations, par les femmes, la chose offre de surprenantes facilités. Munis-toi d'une bonne géographie, d'un excellent atlas. Propose au ministre d'aller explorer le khanat de Bokhara, par exemple. Prends ta valise et file tranquillement sur Londres. Tu loueras une petite maison de briques rouges à fenêtres et portes vertes dans les environs de Campden Hill (ce coin des artistes si cher au vieux Londres), pour pouvoir dire avec Calverley :

My own green door on Campden Hill

et tu le meubleras de quelque jolie fille cueillie en Regent Street au sortir de son magasin. Puis tu demeureras là six mois à vivre de la vie simple et tranquille d'un respectable Londoner. Sans hâte, tu composeras une relation puissamment attachante de ton voyage en Bokhara. Une ou deux fois par semaine, l'omnibus vert de Bayswater, par Bayswater Road et Oxford Street te conduira à proximité du British Museum où tu te documenteras soigneusement. De temps en temps, par l'intermédiaire du Pall Mail Exchange, une correspondance brève et instructive, affranchie de timbres curieux et rares, ira dire à ta femme et au monde les étapes diverses de ton grand voyage, tes souffrances et tes dangers.

Et dans la paix de ton home improvisé, sous les caresses de ta jeune compagne, tu enseigneras à la France attentive, suspendue aux lèvres de tes portraits, que le khanat de Bokhara est un État asiatique du Turkestan, borné au nord par le Turkestan russe, à l'est par le Turkestan chinois, au sud par le plateau de Pamir, l'Afghanistan et le territoire transcaspien. Tu lui vanteras, à ce peuple qui t'écoute, le bassin supérieur de l'Amou-Daria, ses montagnes et sa fertilité. Tu narreras tes voyages à dos de chameau, tes rencontres, tes démêlés avec les Ouzbeks, les Tadjiks, les Kirghiz, les Turkmènes, les Hindous, les Afghans, les Arabes, les Juifs, les Tsiganes. Tu donneras le chiffre exact du transit pour le chemin de fer russe de Merv à Samarkand, et le nombre de voyageurs descendant annuellement à la station de Bokhara, la capitale du khanat. Tu décriras méticuleusement l'aspect de cette dernière ; tu feras l'historique de ses 360 mosquées, de ses 103 écoles, de ses 38 caravansérails, 24 bazars et 16 bains. Tu en feras l'historique, depuis le temps des Samanides jusqu'à nos jours, sans omettre l'intervention de Djenghis-Khan en 1221, et plus tard de Timour-Lenk et d'Abdullah-Khan. Tu étudieras la psychologie de la femme tadjik en te basant sur les particularités de ta petite amie, de ta « sweet heart », en la copiant trait pour trait. Et ce ne sera pas la chose la moins curieuse et la moins véridique de tout ton livre, les femmes étant des êtres identiques sous toutes les latitudes et dans tous les milieux.

Enfin, ton livre terminé, reprends ta valise. Tu diras à la charmante et blonde girl (« with a pair of blue eyes ») qui peupla ta solitude, tu lui diras en la baisant sur les lèvres, conformément aux coutumes de nos voisins, que tu vas faire une excursion de deux jours dans le Sussex. Et tu t'embarqueras à Newhaven pour rentrer à Paris par Dieppe. Ta compagne se débrouillera comme elle pourra. Après tout, tu sais qu'on ne court pas le risque, en Angleterre, de mourir de faim. Les Work Houses n'ont pas été fondées pour demeurer désertes. Une fois à Paris, je suis tranquille sur ton sort. Tu publieras ce livre de tes sueurs et de tes dangers ; tu feras des conférences à la Société de géographie ; tu frapperas le gong sonore de la réclame dans tous les journaux, et le ruban rouge, enfin, ornera bientôt ta boutonnière. Ce principe admis qu'il faut faire d'une pierre deux coups, t'obligera à présenter ce même livre comme l'œuvre académique par excellence, et te voilà candidat à l'habit vert orné d'une épée avec gouttière pour l'écoulement du sang !

Je me réjouis à imaginer tes visites aux membres de l'illustre Académie. Si j'en juge par moi-même, on n'a jamais lu, la moitié du temps, une seule ligne des œuvres du postulant. Aussi devras-tu faire en sorte que ta conversation soit suffisamment instructive pour éclairer l'auguste Immortel qui te reçoit sur ta personnalité, tes aptitudes, ton genre, tes travaux. Ne lui laisse pas commettre la gaffe de te féliciter sur ton *Histoire du Péloponnèse* si tu n'as fait toute ta vie que des dialogues humoristiques entre une actrice et son amant ; ou moins encore, comme tel de mes collègues qui n'a jamais écrit. Le membre de l'illustre compagnie ne te le pardonnerait pas. Mais, en somme, tes visites et tes œuvres n'ont qu'une importance secondaire, une élection se faisant toujours dans les salons académiques et non ailleurs. Il me semblerait puéril, au point où nous en sommes, de te répéter que ce sont encore les femmes qui vous immortalisent. Tes qualités physiques, ton bagout, ta réputation grandissante t'auront probablement permis la fréquentation intime de nos plus influentes grandes dames. Ne crains pas de t'afficher un peu avec celles dont l'importance en matière académique est surtout vantée. Il ne serait même pas mauvais qu'on se chuchotât entre deux paravents des confidences de ce genre : « Catulle est l'amant de Mme de X. – Croyez-vous ? – C'est certain. » Et si le bruit en venait aux oreilles de ta femme, eh ! bien, puisqu'elle est ambitieuse… elle en sera flattée… Qui donc, dans le parti des ducs ou des archevêques, te sachant le caudataire de Mme de X. te refuserait sa voix ? Tu t'installeras sous la Coupole, Catulle, je te le dis. Et peut-être, car je serai mort, sans doute, à l'époque de ta réception, deviendrai-je justement, et par un hasard que je bénis, le sujet même de ton éloge traditionnel.

Mes vieux os se trémousseront d'aise en leur caveau de Montmartre – je n'ose espérer ouvertement le Panthéon – à l'idée que ce sera toi, Catulle, qui vanteras mes mérites et célébreras ma gloire. Tu le connaîtras bien, ton prédécesseur, n'est-ce pas ? Catulle, et tu diras au monde, dans un discours au style châtié, à l'impeccable forme, à l'exorde clair, au nœud luxuriant et riche, au dénouement ému, que j'ai été le Verbe de la morale et des vertus civiques ; l'incarnation même de l'éloquence, de la poésie et de la prose ; que j'ai été le livre et le théâtre, tout le génie et toute la grandeur humaine. Tu diras au monde, ô toi, le chantre désigné de ma gloire, quelle humilité et quelle modestie étaient en moi, comment je me suis senti chrétiennement et dans toute la foi de mon cœur, le dernier, le plus petit, le plus faible des serviteurs de la vertu, et comment, par humilité, je me suis hissé à tous les sommets, malgré la conscience que j'ai d'être, au fond, l'ombre vaine, la lumière cendrée d'une valeur.

Catulle ! Catulle ! le vieil « arrivé » que je suis met en toi son espoir. Quand tu seras riche, influent, adoré des femmes, immortel, chef de parti et chef d'école, écrivain célèbre et notoire, sociologue, humanitaire, orateur, philosophe, critique, penseur et politicien, quand tu coucheras sur des honneurs et de la gloire, comme moi, souviens-toi de celui qui te montra la route. Défends sa mémoire, car il importe que l'arrivisme soit exalté chez ses prêtres, par ses prêtres, et pour l'asservissement sempiternel des foules.

XIX

CATULLE, nous allons entrer dans la politique. Écoute-moi bien, si tu veux qu'elle devienne pour toi cette bonne et bienfaisante nourrice qui dispense, avec l'argent et les honneurs, le lait sacré de la gloire.

Elle est faite de sondages habiles et d'opportunités. Je te l'ai déjà dit, ne te lance pas prématurément dans la lutte. Prends le vent, aie le flair bien connu de mon ami, M. le général Mercier. Ne te hâte point de faire une profession de foi politique dont tu aurais plus tard à rétracter, l'un après l'autre, chacun des termes. Cela te serait reproché, cela te nuirait sûrement. Je t'ai recommandé, en quelque autre chapitre, les opinions moyennes, j'y reviens. Elles sont un point de départ commode pour toutes les directions. Elles sont le pivot de tout le système social. Elles seules permettent, avec un léger glissement, la pérennité des principes.

Oh ! mon ami, sois l'homme immuable aux yeux de l'électeur. Sois figé dans tes convictions, sois immobile dans le tohu-bohu des choses. Sois permanent, sois celui qui n'a jamais changé ! Si les circonstances exigent que ta candidature soit par exemple bonapartiste, il faut que l'électeur puisse dire de toi que tu es né bonapartiste et que tu mourras en criant : «Vive l'Empereur ! » Tu souris, Catulle ? Que veux-tu, la mentalité d'un électeur n'est pas celle d'un philosophe. Les lois évolutives n'ont encore pu entrer dans les cervelles électorales. Le troupeau des votants ne comprendra jamais que l'étude, par exemple, soit susceptible de modifier des opinions anciennes ; qu'on a pu être élevé par les mains fraternelles des bons disciples de La Salle ou sous les regards paternels des fils de Loyola et devenir plus tard, enfin éclairé, enfin dégoûté de ridicules et mensongères doctrines, des adversaires résolus de ce cagotisme éducateur. Il ne comprendra pas que, bercé dans des langes légitimistes, au coin d'une cheminée où s'étalent les portraits des rois, nourri de l'histoire de leurs hauts faits, de leurs vertus, appris à respecter en eux les maîtres du pays, on secoue un beau jour la défroque de l'esclave pour se dresser, libre et nu, dans le soleil rouge des révoltes.

Il ne comprendra pas, l'électeur bénévole, qu'on puisse un matin croire en Dieu et le lendemain le nier. Il serait sans doute stupéfié d'apprendre qu'il fut un temps où, très jeune et non encore pourvu de dents, lui-même se nourrissait du lait maternel au lieu des durs aliments qu'il mastique aujourd'hui.

La variabilité des idées, quand elle s'exerce dans le sens de la liberté, de l'affranchissement, de l'antidogme, est un progrès ; comme l'homme est un progrès sur le singe, le chemin de fer sur la diligence, le télégraphe sur la poste ; mais l'électeur ne comprendra pas cela. Il faut, Catulle, que tu sois l'immutabilité, la permanence, le point fixe dans l'univers mobile. Retiens donc cette phrase, l'un des leitmotivs de la symphonie politique :

« Citoyens (ou Messieurs, ou Électeurs), mes principes n'ont jamais changé. Telle était mon opinion, il y a quinze ans, telle est mon opinion aujourd'hui. »

Ce point acquis, il s'agit de « travailler » la région où tu crois avoir des chances d'éligibilité. Sans l'appui des influences locales, des comités électoraux, sans l'aide efficace de notre puissante ligue, tu n'arriverais à rien. Je te conseille donc de t'en remettre à elle du soin de te désigner, comme à la foire, un emplacement. Tu seras ainsi tout de suite fixé sur la couleur de ton vêtement politique.

L'avantage du nationalisme, vois-tu, c'est de permettre à son candidat de se déclarer royaliste dans la Loire-Inférieure ou socialiste dans le Nord, avec le même bonheur, les mêmes chances de succès. Tu as déjà, comme nationaliste, la moitié de l'étiquette, l'autre moitié dépendra uniquement de la circonscription où tu devras opérer.

Si tu as gardé le souvenir de mes recommandations en ce qui concerne la mitoyenneté des opinions ; si tu as été, jusqu'ici le « bon jeune homme », puis le « bon citoyen », flétrissant les révolutions, les grèves, les attentats ; exaltant le patriotisme, l'obéissance aux lois, le respect de la religion et de l'uniforme ; il te sera facile de faire des professions de foi inattaquables. Car, chez les royalistes, tu n'auras guère qu'à insister davantage sur la nécessité du culte, le besoin d'un gouvernement ferme, l'obligation de revenir aux traditions nationales par le retour du descendant de nos rois sur le trône de ses pères – et, à ce point de ton programme, entre de plain-pied dans la fugue : la France redoutée au-dehors, tranquille au-dedans ; les ministres de la religion vénérés et obéis ; les impôts diminués ; le petit commerce prospère, le grand aussi ; le père de famille roulant sur l'or ; la mère, occupée au repeuplement de notre pays ; l'enfant rose, souriant, jamais malade ; les médecins, supprimés ; les tribunaux, déserts ; les haines, éteintes ; les pauvres, contents de leur sort ; la police, vigilante ; les malfaiteurs, en fuite ; les étés, chauds ; les hivers, froids ; les pluies, quand il en faut ; tout le monde heureux ; tout le monde enchanté de vivre – et tout cela parce que le roi sera remonté sur ce cercueil à l'envers qu'on appelle un trône.

Chez les partisans de l'Empire, la chanson ne varie guère. C'est toujours, au fond, la nécessité du culte, le besoin d'un gouvernement ferme, l'obligation de revenir aux traditions nationales par le retour, sur le trône du vainqueur d'Austerlitz, du descendant de nos gloires napoléoniennes. Parle de l'Épopée, la Grande Armée ; l'Europe haletante, ployée sous le genou du Petit Caporal ; la France commandant au monde. N'évoque le souvenir de Sedan que pour flétrir les traîtres, car il est évident, n'est-ce pas, que les Français demeurent imbattables, et, quand ils sont vaincus, c'est qu'on les a trahis.

Passe sous silence les dettes que nous a léguées le Second Empire, mais stigmatise les panamistes qui ont volé l'épargne du pauvre monde.

Puis, parle du plébiscite, de la volonté nationale. La France veut son Napoléon : il faut le lui donner. Ce n'est pas quelques douzaines de politiciens véreux qui empêcheront la France de s'offrir son Napoléon. Il y en a deux, mais ça ne fait rien, on tirera au sort le futur empereur. Et alors, contrepoint fleuri :

la France redoutée au-dehors, tranquille au-dedans… (Je te prie de te reporter pour la suite, à ce même passage de la page 165.)

Chez les républicains pâles, tu entonneras l'hymne sévère de la liberté de conscience, de l'adhésion franche et loyale à la République ; d'un gouvernement honnête élu par le suffrage universel. Tu exalteras comme il convient la valeur de notre admirable armée ; tu t'inclineras devant les franges dorées du drapeau tricolore ; tu montreras comment la liberté, l'égalité et la fraternité ne sont pas seulement de vains mots bons à inscrire sur les portes des prisons et des asiles de nuit, mais l'expression de réalités absolues ; et comment la République, par l'application de tes doctrines personnelles, deviendra une véritable entéléchie.

Chez les plus avancés, parle de la suppression nécessaire du Sénat, demande à grands cris l'impôt sur le revenu, les loyers moins chers, le pain gratuit, les caisses de retraite pour les travailleurs. Affirme hautement que le souci des classes ouvrières te cause d'affreuses et perpétuelles insomnies. Évoque le souvenir des hommes de 1793, de 1830, de 1848 – que tu n'auras pas connus. Montre-les grandioses dans leur lutte contre la tyrannie, pour le bien public et l'avenir de la démocratie. Le mot « citoyens » ne doit pas t'écorcher la bouche, et il faut le lancer d'une voix forte en roulant des yeux de jacobin farouche. Fais le serment de marcher sur les traces de ces hommes – si tu es élu.

Dans les campagnes, prends sous ton égide protectrice les pauvres agriculteurs. Qu'ils viennent donc à toi, qu'ils viennent se réchauffer sur ton sein, les malheureux ! Oui, tu es protectionniste, oui, tu créeras des tarifs douaniers, tu feras payer au poids de l'or les marchandises importées, fussent-elles cent fois meilleures que les nôtres. Il ne rentrera pas un grain de blé en France, si ce n'est à des prix fabuleux : cent sous le grain, pour le moins. Le riz, le thé, le café, rien de tout cela ne viendra plus faire en notre pays une concurrence déloyale à nos produits. On élèvera le riz dans les grenouillères, le thé sur les haies, et le café au bord des routes. Enfin, ils vont être heureux avec toi, les infortunés agriculteurs.

Il était temps que tu vinsses arracher le pays à sa ruine. Vive le pain cher ! Car c'est vous, braves campagnards, qui faites le pain au prix de vos sueurs. Eh ! bien, si le citadin en veut, lui aussi ; s'il en veut, le monsieur aux manches de lustrine, il devra le payer. Vous vous éreinteriez au soleil, pour le bien du bureaucrate fainéant qui s'endort sur son rond-de-cuir ! Pas si bêtes. Car l'agriculture est éclairée, elle est instruite maintenant. On bâtira encore d'autres écoles, afin que nul n'ignore la syntaxe et l'accord des participes. Et le paysan ne se laissera plus tromper par des politiciens sans vergogne. Il nommera des hommes intègres, honnêtes, compétents dans les choses de la terre, des hommes résolus à défendre pied à pied, à défendre uniquement l'agriculture, cette richesse, cette mamelle de la France ; il nommera des hommes comme toi, Catulle, fils de paysans, attaché au sol, aux vignes, au froment, à la paille. Vivent les cultivateurs !

Et tu promettras le Mérite agricole aux membres influents de ton comité et les Palmes académiques à l'instituteur.

Dans les villes, les grands centres industriels, c'est l'ouvrier qui sera le rêve unique de tes nuits, le seul gros souci qui empoisonne ton existence. Car il est malheureux, l'ouvrier, il gagne de ridicules salaires, il a femme et enfants, et l'État lui demande encore d'autres enfants pour en faire des défenseurs de la patrie. Mais comment pourrait-il les nourrir ! Car le pain est hors de prix, ce pain qui forme la base de son alimentation. Et le sucre, et le pétrole, et le tabac ! Penser qu'on paye le sucre huit sous le kilo en Angleterre ! Il est grand temps qu'on renonce ici à ce régime de protection qui affame l'ouvrier. Mais tu es là, Catulle, et tu veilles. Grâce à toi, les tarifs douaniers seront abolis ; le blé nous viendra de Russie ou d'Amérique, mais il ne nous coûtera rien ; les lapins nous arriveront d'Australie ; les bœufs du Durham ; les canards, de la rue du Croissant ; et c'est du vin qui coulera des fontaines publiques.

Car le prolétaire est éclairé, il est instruit maintenant. On bâtira d'autres écoles, on réformera l'orthographe. Et l'ouvrier ne se laissera plus tromper par des politiciens sans vergogne. Il nommera des hommes intègres, honnêtes, sachant ses besoins, compétents dans les questions d'ateliers, des hommes résolus à défendre pied à pied, à défendre uniquement le travailleur, cette force de la France ; il nommera des hommes comme toi, Catulle, fils d'ouvriers né dans le peuple, ayant vécu de sa vie jusqu'à ce jour. Vive la République des travailleurs !

Chez les employés – car il est bon de faire des réunions électorales par corporations pour éviter les conflits d'intérêts – tu seras qualifié plus que tout autre, toi, Catulle, fils d'employés, pour connaître de leurs misères, de leurs aspirations. C'est le dimanche libre, c'est la fermeture quotidienne à 6 heures pour permettre à l'employé de dîner en famille ; l'ouverture à 9 heures, pour lui laisser le temps de conduire ses enfants à l'école ; c'est deux heures pour le déjeuner, afin qu'il puisse goûter les bienfaits de l'absinthe dégustée entre amis. Puis, c'est la guelte dont il faut augmenter le taux ; la pension qu'il faut assurer après quinze ans de travail ; la participation aux bénéfices, dès l'admission dans un établissement de quelque importance.

Chez les patrons – ah ! tu n'as pas oublié que ton père avait autrefois fondé une grande maison de soieries – tu accorderas ta lyre aux accents plaintifs de leurs lamentations. Les exigences des employés n'ont plus de bornes ; les salaires montent à mesure que diminue le chiffre d'affaires ; la ruine est au bout de toute entreprise exigeant un personnel nombreux. Et puis, les lourdes patentes ; la cherté du gaz, de l'électricité et du charbon ; tout contribue à faire du patron une malheureuse victime, un spolié, une pitoyable épave. Tu le défendras, Catulle, grâce au mandat qu'il va mettre en tes mains. Qu'il t'élise et la joie, demain, rentre au cœur du patron. Qu'il t'élise et la France capitaliste est sauvée, et la République sera forte au-dedans et redoutée à l'extérieur, et les Russes seront toujours nos frères.

Catulle, les hasards de la politique peuvent t'amener à poser une candidature nettement socialiste. Alors, n'hésite point. Mets à part l'armée intangible, inattaquable, le drapeau qui doit être aimé avec passion. Et de tout le reste, fais une hécatombe. Oui, tu es socialiste, quoique nationaliste, tu veux l'avènement du prolétariat, l'anéantissement du capital, la fin des bourgeois, la journée de quatre heures et l'eau de Saint-Galmier à tous les étages. Le socialisme seul permettra l'émancipation intellectuelle, morale et matérielle du peuple. Sera-ce celui de Marx ou de Bernstein, son critique ? Sera-ce celui de Kautsky, de Guesde, de Jaurès ou de l'abbé Garnier ? Il n'importe. Mais nous deviendrons communistes ou collectivistes. Nous mettrons en commun nos efforts pour la jouissance en commun des biens de toute sorte. La voilà, la grande famille. Et nous coucherons tous dans le même lit.

En passant, flétris l'anarchie et ses excès. Déclare bien haut que socialisme et anarchie sont deux incompatibles doctrines, et que, partisan résolu de l'une, tu dois combattre l'autre. Tu seras d'ailleurs sincère dans cette affirmation ; car, si le champ est vaste, du royalisme au collectivisme, pour la récolte de l'argent et des honneurs, l'anarchie n'offre guère à ses fidèles que la prison, la pauvreté, la défiance et la haine.

Catulle, les citoyens qui t'écoutent savent quel homme tu es, quels principes tu représentes. Ils ne t'ont pas vu à l'œuvre en 1871, car tu n'étais pas né, mais ils peuvent compter sur toi. Que leurs bulletins de vote t'envoient siéger à la Chambre ; et l'on verra bien le coup de balai dont tu vas nettoyer ces Écuries d'Augias. Dans six mois, au plus, le prolétariat triomphant se dressera sur les ruines du capital vaincu. Ils auront enfin droit au repos, les vieux travailleurs aux mains calleuses, et leurs enfants pourront jouir des bienfaits d'une instruction enfin démonopolisée, et leurs filles n'iront plus grossir le bataillon sans cesse accru des prostituées.

Veulent-ils, les citoyens qui t'écoutent, Catulle, veulent-ils, oui ou non, la réalisation d'un tel programme : le bonheur pour tous par le socialisme ? S'ils le veulent, c'est bien simple : qu'ils votent pour toi. Qu'ils se réunissent sur ton nom, pour l'affirmation des grands principes révolutionnaires. Tous aux urnes, dimanche, Citoyens, et pas d'abstentions !

XX

SI TU AS SUIVI les instructions de ces divers programmes, Catulle, si tu as su trouver près des journaux locaux des appuis indispensables et précieux, si tu as eu soin de répandre ton portrait dans les villes et les campagnes, suivi de l'énumération de tes hauts faits ; si des émissaires habiles ont préalablement réussi à te créer une réputation de valeur, d'intégrité, de talent, ton succès est assuré. Au cas, pourtant, qu'un concurrent redoutable te gênerait par sa présence, suscite deux ou trois candidatures de diversion, afin d'obtenir un ballottage et ramène sur ton nom, à l'aide de désistements prévus et combinés, le flot des électeurs égarés vers ces candidatures tangentielles. Tu en seras quitte pour offrir des compensations à ces hommes de paille – et tu te contenteras de les offrir.

Ménage-toi l'appui moral du clergé en le tenant à l'écart de tes controverses. Par la confession, le prêtre exerce son influence dans chaque famille chrétienne. Les insinuations de la femme sont la goutte d'eau finissant par user la volonté libre du mari. L'amour du feuilleton décide du choix du journal et l'opinion du journal fait l'opinion de son lecteur. Si tu as le prêtre pour toi, tu as la femme ; si tu possèdes les femmes, tu tiens leurs maris. N'avoue pas pourtant cette alliance occulte avec le clergé, au cas que tu te présenterais en des circonscriptions fortement teintées. Suis les enseignements du *Manuel de théologie*, tome VI, pages 152 et 155, relatifs aux mensonges licites et aux restrictions mentales.

À peine pourvu d'un siège législatif, prends l'attitude du ministrable. Dans ton groupe, sois le monsieur qui se chargera volontiers des besognes dont personne ne veut et qui saura exhumer de vieux textes pour la défense ou l'attaque des projets à l'ordre du jour. Sois le député instruit en l'art de se taire, plutôt que l'interpellateur à outrance et l'interrupteur à jet continu. C'est par un silence savamment étudié que l'on devient ministre. C'est par le dépôt d'ordres du jour délicatement ouvragés qu'on amène la chute inattendue d'un cabinet et la nécessité de son remplacement, c'est-à-dire environ une chance sur soixante d'être élu par la simple loi du hasard, et une sur deux d'être choisi par l'effet même de son habile ordre du jour. Cet ordre du jour est une aiguille aimantée qui, sur le cadran politique, s'arrête pour désigner l'orientation du nouveau cabinet. La difficulté consiste à l'attirer vers soi.

Mon cher Catulle, il y aura, parmi tes honorables collègues, des gens tout désignés pour une future présidence de Conseil. C'est vers ceux-là qu'il s'agit d'aller. Comme au temps lointain de tes débuts littéraires, ils seront les soleils dont tu devras te constituer les satellites. Sois le papillon de leur flamme, afin qu'au jour des résolutions à prendre, ils te trouvent là, tout près, et n'aient d'autre effort que le geste charmant qui cueille. Machine avec eux les coups à faire ; sois leur homme quand il s'agira de préparer la fatale bascule du ministère au pouvoir.

Que tes rares discours soient de forme châtiée, abondants en chiffres, en citations, en textes de jurisprudence.

Tu retrouveras à la Chambre des amis de l'École de droit ou de la faculté des lettres et tu continueras avec eux les bonnes relations d'antan. Que t'importent les différences des opinions, si leur sincérité vaut seule ! (Je te recommande cette explication, au cas que le reproche t'en serait fait un jour.)

Que tes votes soient constamment dirigés suivant le sens des avantages personnels que tu pourras en retirer ; et s'il arrivait que tu fusses un jour acculé à la nécessité de te prononcer par ton vote dans un débat où le pour et le contre te seraient également préjudiciables, et l'abstention imprudente (il n'est pas toujours possible de sacrifier absolument l'électeur au profit de ses intérêts personnels), fais en sorte, mon cher Catulle, d'être retenu à la commission du budget ou bien aie soin, quelques jours avant l'échéance prévue, d'obtenir, pour motifs graves, un congé en bonne et due forme.

Puis achète, au moment où il sombre, un journal quotidien. Deviens son inspirateur, son génie occulte. Que ce soit le secret de Polichinelle, dans le monde de la politique, que Catulle possède ledit journal à sa dévotion. De temps en temps, quelque article bref, signé de tes simples initiales, commentera divers points de ta doctrine. Car il te faut un idéal politique, dût-il varier chaque jour sous la poussée des événements. Ton habileté consistera à faire rentrer toutes choses dans ton système, grâce à l'imprécision et au vague des formules. Le politicien expert est le digne fils de la sibylle Deiphobé ; ses avertissements doivent toujours demeurer d'accord avec l'occurrence, à l'aide de tours de force d'une logique un peu spéciale, peut-être défectueuse, mais suffisante pour la mentalité de l'électeur.

Tu auras ainsi ton parti dans la foule, en dehors de tes fidèles du Parlement. Celui-là décidera ceux-ci et tu te prépareras des majorités pour le jour prochain où tu mordras au gâteau du pouvoir. Ne t'effraie point à l'idée de devenir ministre, si tu as acquis, grâce à mes objurgations, ce talent de l'orateur « qui ne dit rien en beaucoup de phrases faites de très longs mots». Député silencieux, tu seras le ministre prolixe quand il s'agira de répondre à des interpellations dangereuses. Un flot de paroles noiera vite les velléités de révolte qui germeraient au sein de ta majorité.

Sache, par d'adroites concessions à tous, par des promesses semées dans tous les camps, sache te ménager une place dans le cabinet qui doit renverser le tien. Que t'importe la couleur politique de M. le Premier? N'es-tu pas aussi bien son collaborateur que celui de son adversaire, pour le bien public? Tu ne songes qu'à la France, n'est-ce pas? Tu es entré dans un ministère d'étiquette donnée. Eh! bien, Catulle, quand la France s'offrira un autre cabinet, tu feras taire tes sentiments personnels; tu mettras ton petit drapeau dans ta poche, car il convient que tu demeures ministre, pour le salut du pays. Tes collègues peuvent tomber autour de toi, victimes de leur intransigeance, toi, tu restes. Tu permanes! Tu te cramponnes à ton portefeuille, parce que tu es indispensable à la République. Le successeur désigné de M. le Premier se verra dans l'obligation de solliciter ton précieux concours. Et il se trouvera que l'étiquette du nouveau cabinet était justement celle qui convenait le mieux à ton genre de beauté. À bien réfléchir, tu te demanderas comment tu as pu faire partie du ministère précédent.

Ainsi, Catulle, tu seras l'éternel ministre appelé peut-être un jour à présider aux destinées de ton pays, à jouer avec des Grandes Duchesses, comme notre regretté Félix Faure. Pourtant, mon jeune ami, si ta part de pouvoir te devenait pénible, pesait trop lourd à tes épaules, te fatiguait par sa monotonie, je vais te dire un beau mouvement :

Tu as le sens du théâtre, n'est-ce pas ? Tu sais ce que l'on appelle un « effet », un de ces effets dont l'explication a nourri Sarcey pendant quarante années ? Fais-toi interpeller ; monte à la tribune, et lance violemment ta démission à la face de tes collègues en général et à celle de ton président du Conseil en particulier.

Toute l'opposition te fera un succès tapageur, et, le lendemain, le monde entier se racontera ton histoire.

Par ce haut fait, Catulle, tu entreras vivant dans la postérité.

Et combien il te sera doux de penser que le soir à la veillée, près de l'âtre flambant, les enfants des paysans de France murmureront pieusement ton nom ! Quelle joie à se sentir bien au chaud dans le cœur et l'âme des foules, à se savoir encadré de baguettes noires ou dorées à la place d'honneur des familles ; dans les foyers les plus humbles et jusque dans les intérieurs bourgeois les plus cossus ! Quelle ivresse à se savoir l'objet d'un vrai culte, de la part de pauvres êtres obscurs ! Quel orgueil à se dire que des femmes ont rêvé de vous, la nuit, et qu'elles se jetteraient à vos pieds si elles ne craignaient l'humiliation et la honte de votre refus, avec le sauvage désir d'être prises, de goûter la volupté de votre étreinte, et de mourir dans un spasme !

Ô popularité !

XXI

RICHE, HEUREUX, considéré, couvert de gloire et d'honneurs, jouissant de toutes les satisfactions qu'offre la vie, je ne veux pas que l'idée de la mort vienne hanter lugubrement ton esprit si lucide et si clair et te gâter tes joies. De même que j'ai cru nécessaire, au début de ces pages, d'essayer le démontage de la machine humaine en te la présentant comme la synthèse des combinaisons de quatorze corps réputés simples, au même titre que le plasme de n'importe quel être vivant ; de même que je t'ai enseigné notre descendance animale ; que je t'ai montré qu'il n'y avait entre les vertébrés supérieurs et l'homme que des différences de degré, aussi bien qu'entre ces vertébrés et les protozoaires, les animaux et les végétaux, et même, sans aller trop loin, la matière brute et la matière vivante (la cristallisation étant, d'après le professeur Otto Von Schrohn, un phénomène organique de la matière vivante) ; de même que je t'ai fait toucher du doigt l'importance de la loi du « struggle for life » et comment elle agit chez tous les êtres, des colonies bactériques à nos sociétés civilisées ; de même que je t'ai prouvé l'inanité d'une prétendue morale au sein d'un monde où le riche exploite le pauvre, où le fort opprime le faible, où le dirigeant violente la conscience du dirigé ; ainsi je te veux mettre à l'abri des craintes qui s'attachent à la mort et te la faire envisager avec une sérénité calme, un dédain profond et absolu.

Qu'est-ce que la mort ? Une transformation de forces, un déplacement d'atomes. Ce n'est pas une destruction, car la matière vivante ne peut pas périr, et il est assez plaisant que nos littératures et nos légendes religieuses nous parlent de la paix des tombeaux, du repos éternel, en présence de ce grouillement qu'on appelle la putréfaction. Si l'on fait abstraction de l'odeur infecte qui s'en dégage, et uniquement due à des réactions chimiques, la putréfaction d'un cadavre nous apparaît comme présentant toutes les caractéristiques d'une vie intense. D'ailleurs, et selon le mot de Mitscherlich, « la vie même n'est qu'une pourriture ». N'envisageons la mort que comme une vie différente, puisque l'une et l'autre nous offrent des manifestations identiques. Nous savons bien que nous mourons en détail à tous les instants ; que nous n'aurions point de salive sans la mort des cellules des glandes salivaires, point de pensée sans la mort des cellules cérébrales ; point d'effort sans la mort des cellules musculaires.

Voilà pour la mort corporelle.

Quant au moi, à la conscience que nous avons de notre être, il meurt également tous les jours, à toute heure. Notre moi d'aujourd'hui n'est pas celui d'hier, notre moi des minutes heureuses est différent de notre moi des moments attristés ; notre moi à nous, vieillards, n'est plus celui que nous avions jadis. « Entre l'âme qu'une femme avait à cinq ans, nous dit Jean Finot, et celle qu'elle aura à cinquante, le gouffre sera sans doute plus profond qu'entre l'âme d'un Renan et celle d'un Polynésien.»

Et si nous admettons avec le Dr Durand (de Gros) que les centres nerveux spineux sont le siège d'un centre psychique qui s'émeut, sent, comprend et veut; nous pouvons, sous ce rapport, considérer simplement la mort comme le dégagement des intelligences partielles de nos centres nerveux.

Il appert donc, et d'une façon bien évidente, que la mort n'est pas une destruction et que nous n'avons pas à redouter le néant. Elle est plutôt, selon l'expression de Finot, la dissolution d'un pacte d'ensemble. Mais alors, que craignons-nous donc tant dans ce phénomène universel qui se produit en nous, autour de nous, à tout instant, d'une manière naturelle et permanente?

Si tu croyais, Catulle, à l'immortalité de l'âme, à la survie, telle que la comprennent les religions, filles de la peur, je pourrais discuter avec toi au sujet du crédit dont il convient d'honorer l'enfer, le purgatoire, le paradis et autres inventions mythologiques. Car il s'est trouvé des théologiens, ces êtres merveilleux qui imaginèrent la trinité divine, la dualité de Jésus, la transsubstantiation, la conception immaculée ; qui décrétèrent Dieu tour à tour terrible et doux, assoiffé de vengeance et plein de miséricorde, omnipotent et néanmoins capable de désirs, omniscient et laissant à l'homme son libre arbitre ; il s'est trouvé, dis-je, des théologiens pour disserter gravement sur les lendemains des morts, et ces lendemains étaient troublants et terribles.

Tu ne crois pas à l'âme, Catulle, et tu as bien raison. Toute croyance qui n'est pas basée sur la science est une infirmité chez les hommes.

La crainte de châtiments éternels, la peine du dam, et autres aimables conceptions de ce parlementarisme chrétien qu'on appelle les Conciles, ne te troublera point. Tu n'auras pas peur de ce Juge Suprême que le cerveau imaginatif d'un homme comme toi inventa un jour. Tu entreras dans la mort comme on entre dans le sommeil, chaque nuit.

De toutes les craintes possibles en face de la mort, quelle est donc celle qui se dresserait pour t'effrayer ?

Je vais te la dire, elle est folle comme les autres : c'est la souffrance.

Tu t'imagines peut-être la mort comme une torture physique inexprimable, épouvantablement douloureuse, sans comparaison possible avec les maux de chaque jour ? Un instant de réflexion dissiperait ces terreurs. Nous sommes capables d'un coefficient donné de résistance à la douleur. Ce coefficient varie suivant les individus. Nous ne sommes pas en cela différents des autres corps et de leur résistance à la traction, à l'écrasement, etc. Au-delà de la somme de résistance qui est l'apanage de chacun de nous, rien n'est plus. Si la souffrance – la puissance en terminologie physique – est supérieure à la résistance, l'individu tombe dans l'inconscience. Il meurt ou ne meurt pas, peu importe ici ; mais son cerveau ne perçoit plus les sensations nouvelles apportées, de même que l'ouïe est incapable de saisir les sons dont les vibrations dépassent 73 000 par seconde et que l'œil ne peut percevoir les rayons n'atteignant pas 483 trillions de vibrations à la seconde ou dépassant de beaucoup les 708 trillions du violet. La mort, considérée au point de vue de la souffrance physique peut être égale, mais non supérieure en intensité douloureuse à tout phénomène devant amener l'évanouissement ou l'inconscience.

Quand la sensibilité a quitté le moribond, les signes extérieurs de ses souffrances ne sont guère que des réflexes mécaniques.

Les études publiées au sujet du moi des mourants montrent au contraire que la mort se manifeste le plus souvent par un sentiment de béatitude, de tranquillité, de repos.

Ne redoute point la mort, Catulle, nargue-la plutôt, pareil à ces Athéniens dont on nous parle tant. Et c'est là, peut-être, le secret d'une longue vie. Combien il est fâcheux que la noblesse des sentiments demeure pour moi une denrée de peu de valeur, et combien il m'aurait été agréable de mettre en parallèle ton dédain pour la mort et cette crainte sourde qui fait que les chrétiens tremblent devant son approche et se réfugient dans les bonnes œuvres de peur d'offenser l'impitoyable Juge ! Sans la menace des éternelles peines, où seraient les hommes croyants et pieux? Toi, Catulle, éclairé sur les redoutables mystères du tombeau (quelque pourriture affectée à divers emplois) et les tortures de la fin (peut-être simplement l'entrée inconsciente dans un lourd sommeil), tu porteras bien haut ta tête chenue, tu railleras agréablement ta propre vieillesse, et l'on dira de toi : « Catulle ne craint pas la mort, il est grand. »

Puis, quand tu la sentiras venir, la strette du dernier acte, fais appeler un prêtre, pour pouvoir rire jusqu'au bout. Confesse tes péchés, d'un air contrit et repentant. Dévoile-lui des horreurs, pour l'effrayer un peu. Je sais bien que tu pourrais te moquer de tout cela, puisque la comédie est terminée et que déjà tu te retires. Mais aie l'orgueil et l'amour de ton métier. Toute ta vie, tu te seras montré, comme moi, le comédien impeccable et parfois sublime ; exaltant la vertu, qu'il méprise ; la religion, qu'il nie ; l'ordre, qu'il bafoue ; les principes, dont il connaît la vanité ; toute ta vie, tu auras été ce premier rôle d'une comédie à grand spectacle, et tu t'en irais, comme cela, avant le baisser du rideau ; et tu te démaquillerais devant le public, pour te montrer à lui sous ton vrai jour, laid et infâme! Allons donc, Catulle, tu ne feras pas cela. Tu confesseras tes fautes au prêtre, te dis-je; tu communieras et recevras l'extrême-onction. Et tu parleras à ton entourage, aux visiteurs éplorés, et tu diras à ce monde de curieux entourant ton lit de mort, quelques-unes de ces maximes longuement burinées dans le silence de tes nuits. Tu auras des mots historiques qu'un de ces biographes toujours présents à la couche funèbre des grands hommes transcrira soigneusement. Et l'on dira de toi, plus tard, que tu es mort saintement et que tes dernières paroles furent : ... (Je te laisse le soin de les improviser, comme dans Molière, tout à loisir.) Règle aussi par avance le détail de tes obsèques. Sois original, tout en demeurant « grand genre », et que ton testament n'oublie ni les couvents, ni les institutions charitables. Ne laisse rien aux œuvres scientifiques : leur avancement pouvant abréger la soumission moutonnière des humbles et fermer la porte aux arrivistes que tu auras initiés, comme je le fais aujourd'hui. Encourage plutôt par tes dons la perpétuité de l'ignorance et de l'erreur.

Et puis endors-toi, satisfait de ton rôle, content de l'effet obtenu, ivre de la joie qu'on éprouve à se savoir un grand artiste, idolâtré des foules qu'on a trompées et trahies !

CONCLUSION

J'AI TERMINÉ, Catulle, je t'en ai dit assez pour t'inonder de lumière.

Il n'y a rien à révérer sous le ciel, rien à aimer, rien à craindre.

La vie est notre seul bien et il n'y en a point d'autre. Jouissons de la vie. Savourons-la comme un fruit mûr.

Pour cette fin, pour la joie de ce goûter exquis, tout moyen est légitime.

L'individu, lancé dans le tourbillon des sociétés contemporaines, est voué à la mort sans phrases, s'il est doux, inoffensif et bon. Il doit attaquer, par force ou par ruse, pour n'être pas spolié, écrasé, vaincu.

Il y a une clef qui ouvre toutes portes, le cœur des femmes et l'esprit des hommes, le trésor des sommeils tranquilles, des digestions heureuses et des délices charnels ; cette clef, c'est l'argent.

Pour la posséder, la clef magique et merveilleuse, l'arriviste doit mettre en œuvre toutes les ressources de son intelligence, de son égoïsme et de son inlassable patience.

Il doit jouer avec les femmes la comédie de l'amour ; avec les hommes, la comédie de l'amitié, de la confiance et de l'estime.

Il doit pouvoir tuer le mandarin à tout instant de sa vie – mieux encore, il doit pouvoir le faire souffrir et s'y complaire.

Et trouver des satisfactions d'artiste dans le mal, et se délecter aux misères d'autrui.

L'individualisme égoïste, supérieurement égoïste, délivré de tous préjugés et de toute morale, est, pour l'arriviste, l'unique....................

Ici s'arrête le manuscrit de notre auteur. Malgré de sérieux efforts, les derniers feuillets ont échappé aux investigations faites pour retrouver la fin de cette œuvre de cynisme, de corruption et de haine.

Peut-être le lecteur se réjouira-t-il de n'avoir pas à connaître jusqu'au bout toutes les souillures d'une âme que la rumeur publique s'est plu tant de fois à représenter sensible, pitoyable et généreuse, grande et noble…

Peut-être regrettera-t-il que cette inévitable lacune soit la larme de lie manquant à son dégoût, à ses révoltes – en face de cet épouvantable fléau, l'arrivisme, dont l'extension rapide menace les civilisations…

FIN

Achevé d'imprimer sur rotative
par l'Imprimerie Darantiere à Dijon-Quetigny
en août 2012

N° d'impression : 12-0943
Dépôt légal : septembre 2012

Imprimé en France